一個人，你也要活得晴空萬里

角子・著

一個人

　　妳還記得自己當時曾經「一個人」的勇敢，妳一個人上學、一個人騎車、一個人出國、一個人做過好多事，妳那個時候的「一個人」很快樂，跌倒了很快就爬起來。

　　對比於妳此刻的「一個人」──是的，妳現在也是一個人，可是那是妳從來不曾有過的「一個人」。

　　因為妳明明是一個人，可是心底卻還是兩個人；因為他都已經離開，可是妳的每一個新的日子裡都還是充滿著他的影子。

　　「為什麼曾經那麼美好的一段感情，最後會變成這樣？」、「為什麼妳還如此捨不得的那份愛，他卻可以說不要就不要了？」妳不斷地問自己，永遠還來不及回答，就先紅了眼眶。

　　他沒有給妳答案，那是妳一個人努力的「後來」：一個人流淚、一個人起身、一個人的萬水千山，最後一個人地走到這裡。

　　也許，妳已經不再問自己，甚至，不再談論那段感情。全世界也只有自己知道，那份感情最後被妳放在心底的哪個位置。

只是，也只有自己明白，這條路就算走得再遠，心底總還存在著的那個疑惑。這一路，就算凝望過再明亮的日月星辰，也始終無法再相信遠方。

　　妳不想再沉溺，妳希望越來越好，於是，妳又開始了跟自己的對話，妳不只自問，也開始努力自答。在經過那些以後，妳不想再騙自己，也不想再替他說話，妳只希望，所有當時的疑惑，後來都能有一個真正的回答。

　　妳已經可以面對，任何誠實的答案。它們也許殘忍，但卻真實；也許直接，但也只有直接才能讓我們不再繼續走冤枉路。

　　妳希望有人可以懂，懂妳此刻的心情，妳沒有要很多，妳只是期待一分了解；妳希望得到一些建議，但最後下結論的權利，還是在妳。

　　這就是我寫這本書的理由。

　　沒有太大的企圖，只盼它能成為一個妳最安心的朋友。可以深刻地傾聽，也可以只是安靜地陪伴；可以無聲地承接住妳的眼淚，也可以用最直接的道理，大聲地叫醒一個又開始動搖的靈魂。

　　於是這本書才會出現了「散文」、「短語」跟「小說」三種

體例，「散文」是理性的論述、「短語」是抒情的訴說，它們一起涵蓋了四十二個當時可能困住妳的狀況，提供了四十二個妳依然要相信幸福的理由。

至於「小說」則是五個真實案例，是我在對讀者徵文所收到的上千個實例裡，挑選了五個最能涵蓋多種面向的故事，然後再經過深入訪談，希望能呈現出最真實的分享。

四十二個狀況，妳後來在哪裡找到了自己的位置？五個還在進行中的真人真事，又是在哪一個段落，觸動了妳生命中相同的情緒？

都由妳自己決定。

是的，那就是我最想告訴妳的，所有生命的答案，我們都得自己去尋找。這世界能給我們那個真正的答案的人，只有我們自己。

那就是我們從一個人的傷心，終於走到的一個人的安靜。妳在那場安靜裡，開始跟自己對話。每一個終於看清楚，都是妳的釋懷。每一個釋懷，都是妳跟自己的和解。每一個和解後的豁然開朗，都會化成我們走向幸福的巨大能量。

也許這條「一個人」的路的開始，並不是出於我們的自願，也只有當我們真的走過，才會明白這場辛苦，原來是福不是禍！是這趟辛苦的旅程，才讓我們的生命後來有了更多的可能 ── 妳最後終於拿回來的「一個人的勇敢」，妳會永遠都放在心上。在接下來兩個人的世界裡，也依然擁有一個人的獨立；就算再回到一個人，也依然可以自在堅強。

　　我知道妳的旅程還將繼續，謝謝妳讀到這裡，謝謝妳來過這裡。如果可以，我希望妳也能謝謝自己，因為這一路一直是妳在不斷地鼓勵著自己。

　　在追尋幸福的路上，妳會遇見許多人，有些人妳會深深記得，也有一些人妳很快就會忘記。妳也許會忘記我，可是請記得我們曾經彼此分享的四十二個關於幸福的叮嚀；妳也許會忘記這樣的一個下午或深晚，可是妳永遠不會忘記要抹去心底的那些陰霾，讓窗外的陽光真的照進來！

　　妳會記得，每一個在這條路上的努力和獲得。妳會記得，後來終於看見的燦爛千陽。妳會永遠記得：

　　一個人，妳也要活得晴空萬里。

角子 11、15、'2020

目錄

Chapter 5

妳一定要先懂得離開不幸福，才會遇見真的幸福 —— 118

Chapter 6

一個人，妳就先過得迷人而精采 148

Chapter 1

對的人，
就不會離開

親愛的，
妳後來一定會看見「幸福」真正的樣子。
那是當妳真的遇見了一個可以從頭到尾都對妳好的人，
妳才懂得真正的幸福，並不是海誓山盟，
而是可以做到「自始至終」。
妳才明白，其實你們走著的路，一直都不一樣。
才真的看清楚，你們跟幸福的距離，
並不是真的「只差一步」而已。

那場感情的遺憾，大多數都還沒真的發生。
相對於妳的傷心，它們真的沒有那麼深刻。

對的人，就不會離開。
遺憾，都只是我們走向幸福的經過，而不是錯過。
真正對的人，一直都等在前方，而不會站在過去。

對的人，
就不會讓妳一直覺得，
自己是錯的

「角子，他在分手時跟我說：『我覺得妳真的不懂得如何愛人。』可是我明明那麼愛他，也好盡力了，為什麼他最後還會這麼說我，我真的有那麼糟糕嗎……」我看著這封傷心的信。

那也許是我們都曾經很愛的某個人，你們曾經很平等，可是不知道從何時開始，他的位置開始比妳高階。好像都是這樣的，當我們越愛一個人，我們就越容易放下過往的堅持。每一次的放下，妳都曾經掙扎，但最後妳說服自己的理由都一樣：也許妳真的還可以更好，而當妳更好，那份愛就會更好。

那是妳經常「犯錯」的一段時光，妳常常動輒得咎，甚至不知所措，因為妳不知道他判斷的「標準」是什麼？他總是有他的道理，那些妳真的很認真地思索過了，卻還是找不到邏輯的道理。後來，妳才終於了解他的「標準」，原來跟對錯無關，他的「標準」一直只有一個：就是把妳變成「他想要的樣子」。

妳很容易就是錯的，因為妳不是他，不會知道他對每件事情的看法；妳永遠都會被責備，因為人心是貪婪的，當妳越努力地想成為一個人想要的樣子，他就會越不知足，越要妳凡事都遵照他的想法。

　　為了讓那份愛更好，妳在那些指責裡努力調整自己，太盡力，讓妳都忘記也要用同樣的標準去檢查：那個一直在評論妳的人，自己又為這份感情努力了多少？是不是也願意跟妳一樣，那麼虛心地調整自己 ?!

　　那個想要改變妳的人，永遠都不會滿意，最後都還是會離開。因為在愛裡總是一味批評對方的人，並不是因為他很完美，而是因為他很自私。他從來都沒有為那份感情付出過什麼，所以他才不會可惜、不會傷心，甚至在最後離開的時候，還可以忍心對妳提出那麼殘忍的指控。

　　妳真正應該努力的，是找到那個懂得妳的「好」的人，而不是努力去變成，對方會喜歡的樣子。一個懂得妳的「好」的人，會放大妳的優點，包容妳的缺點，一個不覺得妳特別的人，才會在那些細節上為難妳。

　　而關於我們都渴望在幸福路上遇見的「珍惜」，並不是因為妳總是表現得很好，所以才被珍惜，而是因為他真的懂得妳的

「好」，才會將妳好好珍惜。

　　那是妳真的很在乎的一段感情，妳不只在裡面受傷，甚至還把他最後的指控，當成了對將來的幸福的詛咒。

　　親愛的，別將那個無心人說過的任何話，再繼續帶在心上。妳的真誠、妳願意對愛的付出，那些妳在那場愛裡展現過的高貴特質，都是他所萬萬不及。妳一定比他更懂愛，也一定會再遇到一個比他好上太多的人。事實是，他的自大與自私，那些真愛絕對不會成立的特質，才是他給自己所設下的，最真實的詛咒。

　　終於，妳從那個幻覺裡走出來，就像從一場催眠裡醒來，妳在那場總是被催眠著錯的感情裡，所學到的一件最正確的事情就是：

　　對的人，就不會讓妳一直覺得，自己是錯的。

要先讓不想留的人離開，
該來的人，
才有來的理由

其實，每個人都一樣，
遇上了，
都需要時間，才能真心真意地想通，
才能心悅誠服地面對。

不要怪自己，
所有的人和事，都有它當時發生的理由。
所以，最後也要讓它，自然而然地離去。
人生本來就是「聚」和「散」的組合。
「聚」和「散」的目的，都是為了更好的緣分。

要先讓不想留的人離開，
該來的人，才有來的理由。
要先走過那些我們以為的不可能，
才有機會，看見自己和生命更多的可能。

想通了，路就出現了。
心定了，幸福就不再遠了。
靜靜聽時間正在對妳說的話，
妳一定會更好的。
妳會讓心安放，從這一刻開始準備，
要遇見那個最好的人。

不願意為妳做任何調整的人，
不可能給妳真的愛

　　他是妳喜歡的型，妳一開始就對他有好感。當妳發現他對妳的感覺也一樣的時候，妳很開心，那是妳直到現在回想起來，心底都還會微甜的感覺。

　　一切都進展得很快，他很快就成為了妳生活的重心，也許是因為他很迷人，當他張開雙臂，便會讓人想探索更多他的內心；也許是因為他總是風格獨具，跟妳從前遇過的人很不一樣，跟他在一起的感覺很特別，就像是進入了一個全新的世界。

　　你們聊過的主題有很多，妳比較常是聽眾，因為妳的體貼，還有欣賞，妳喜歡他談自己時認真的樣子。妳剛開始覺得你們很像，但妳漸漸發現其實你們也有許多地方不一樣，你們最大的不一樣是：他說過的話、在乎的事，妳都記得；而那些妳曾經提過的感覺、希望他能做到的事，他卻經常無動於衷。

終於，妳開始表達自己的感受，然而不管那場討論最後是和平收場，還是不歡而散，妳發現他都沒有改變。最後，妳唯一能做的，只有改變自己，因為妳知道只有這樣，這份愛才能夠繼續下去。

　　妳很努力，妳沒有輕易放棄，只可惜「愛情」從來都不是勵志類的故事，單方努力的人，經常最後也只能單方去離開。他不只沒有挽留妳，妳更遺憾的是他後來的「容易」，為什麼妳走出來的路那麼漫長，可是他卻那麼輕易就可以繼續好好過日子？

　　事實是，那個妳以為走進妳生命裡的人，其實都沒有真的離開過他們自己的世界。而那場妳覺得特別的緣分，其實從頭到尾，都是妳在努力地配合。是妳費盡全力地走進了「他的世界」，所以最後需要辛苦走出來的人才會只有妳；也只有妳，接受了「他的世界」裡的所有規則，一個什麼都不曾改變的人，當然也不會因為妳的離開，有任何需要調適的問題。

　　關於「愛」，我們都是各自從自己的世界，帶著對「愛」的預期出發，所以「愛」一定會跟妳原先想像的不太一樣。妳懂，否則妳也不會馬上就為了那個喜歡的人改變自己。

　　只是到後來，我們也理解了，感情的改變絕對不是「單方」就可以完成，單方的改變只是犧牲自己的喜歡去換取對方的喜

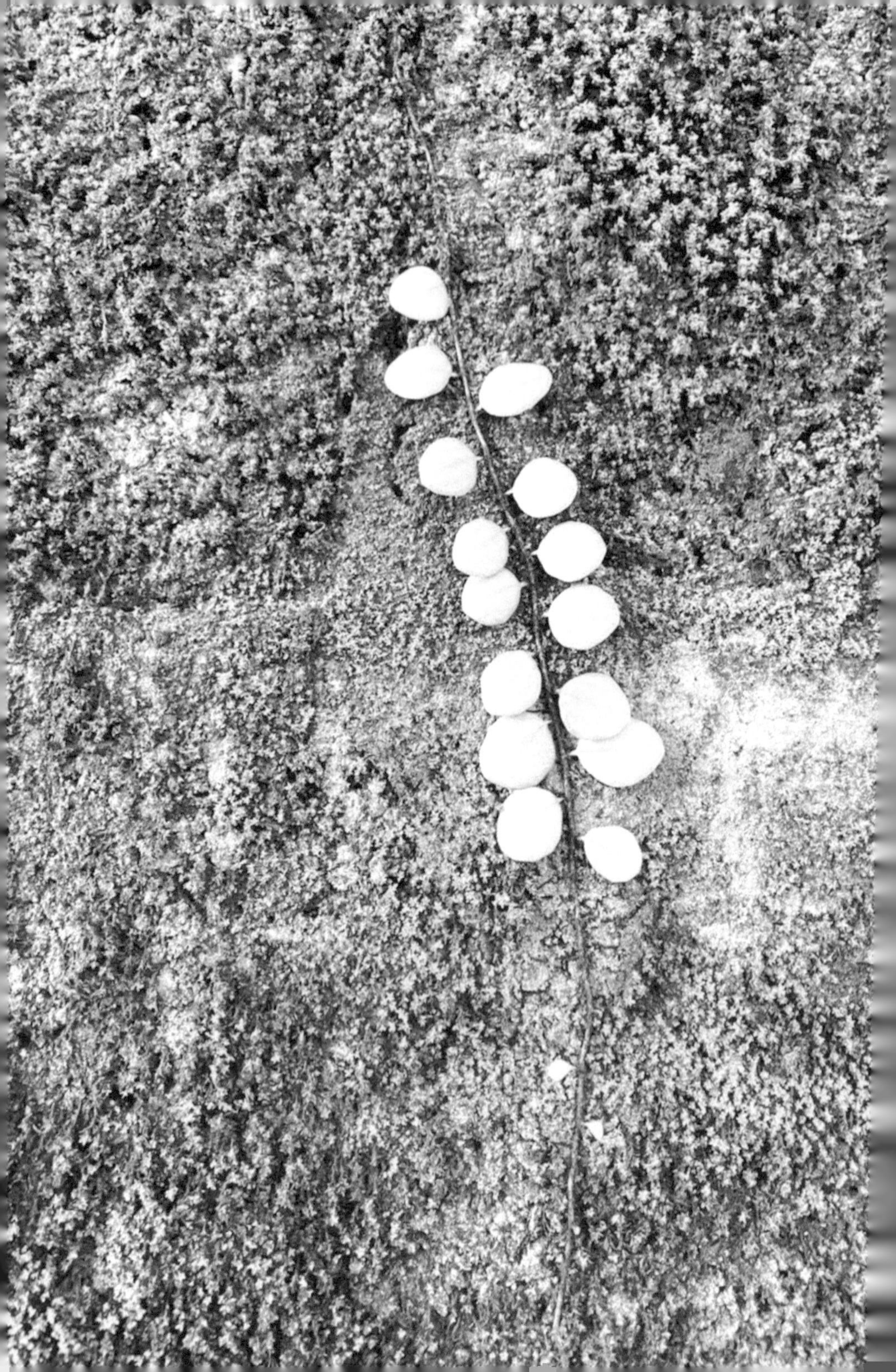

歡。妳不會在那樣的感情裡太久的，因為那只是他的喜歡，而不是妳的喜歡。

　　感情的改變一定要是「雙方」的，是因為彼此都喜歡這份感情，於是都願意試著走出自己的世界，去試試看對方喜歡的方式。兩個人一起努力、一起進化，一起學會體諒和包容，這樣的關係才會長久，也才有可能把這份愛從單純的「喜歡」走成雋永的「幸福」。

　　這一路妳會聽見許多次關於「愛」的邀請，在接下來的相處時光裡，妳將不再無所適從，只有願意跟妳一起調整自己的，才是那個真的跟妳一起站在愛裡的人。

　　這一生妳難免會有幾次這樣的際遇，妳遇見他，走進他迷人的人生，事後回想起來就像一趟夢的旅程。從前妳難免會遺憾，但現在妳知道那就是必然的結果，一個不願意為妳做任何調整的人，不可能給妳真的愛。

　　妳會繼續往前走，妳要找的是那個也願意為妳走出自己世界的人。妳已經知道，真正的幸福，並不是誰走進了誰的世界，而是兩個都願意為彼此走出自己世界的人，一起攜手，又一起看見了更大的世界。

會「錯過」，
是因為還有更適合的人，
在前面等妳

這世界其實並沒有真正的「錯過」，
會錯過的，是因為他並不想為妳留下來。

並不是每一場「遇見」都那麼珍貴。
這世上大多數的遇見，
都只是兩條直線交會的點而已。

會「錯過」，是因為還有更適合的人，在前面等妳。
接受「相遇」之後的分開，因為妳要找的，
是那個真的想陪妳走到最後的人。

Story 1.

「愛」的名字

　　「喂、喂……是『艾古』嗎?」電話那頭的婦人,不確定地又問了一次。

　　「阿姨,我是。」她回答。

　　「我的女兒,我終於找到妳了!妳什麼時候再回來部落啊?」婦人問。

　　她在電話這頭屏住呼吸,想著該怎麼回答……一抬頭,馬上被陽光刺痛了眼睛,今天的太陽好大,就跟那天她剛走進部落時一樣……

　　　　＊　＊　＊

　　「學姊,到了嗎?」美光忍不住又問了一次學姊,這趟進山的路比她想像的遠,她不是埋怨,是雀躍,是一個從小在城市長大的女孩,對初次投入山野的躍躍欲試。

「妳現在踏上的這塊土地，就是我們部落的領地囉！小心喔！這裡的土很『黏』，只要踏上的人，後來都會再回來的。」學姊轉過頭笑著對她說。

　　這趟為期一週的旅行，對學姊來說是返鄉參加豐年祭，對美光來說是一個嘗試，更是她下學期要交的文化研究報告。

　　「如果是用享樂的心態來我們的豐年祭，應該會失望。」美光還記得學姊曾經這麼說。「因為部落完全沒有想要用豐年祭來賺觀光財。對我們來說，豐年祭不光是跳舞跟喝酒，『祭典』跟『階級』的傳承才是最重要的事情。我們歡迎大家來參與，但如果觀光客的行為影響到祭典的進行，會馬上受到制止，甚至會被下逐客令喔！」學姊在出發前又提醒了他們一次。

　　美光後來發現部落的人都很好，對他們也都很熱情，但也因為學姊的提醒，讓他們在輕鬆之餘也都不會忘記要尊重的傳統。豐年祭就是部落的過年，為期僅僅四天的豐年祭，部落卻早在一個月前就必須開始準備，有很多辛苦的工作要做。重視「階級」制度的部落，大多數的勞動會落在青年們身上，作為對他們的磨練，還有文化的傳承。

　　只有青年們的腳踝上才會繫的鈴鐺，讓總是像一陣風經過的他們發出清脆的鈴聲，美光對同行的女孩們戲稱那是「鮮肉鈴」，

然而她的玩笑也只說到這裡為止。她沒說完的，是那個男生，她第一次看見他的時候就覺得這個山上的男孩，好像傳說中的戰神，結實高大的身材，將傳統服裝詮釋得好有氣勢！尤其是他在陽光下的側臉、高挺的鼻子、像箭一樣的濃眉，「好帥啊！」她在心底發出了這個聲音──也僅止於心底而已，美光沒想到學姊竟然會在那天突然開了那個玩笑：

「哈囉，現場單身的女孩們，這是我們部落的儲備『級長』，目前也是單身喔！」學姊突然對著她們說，那個因為學姊的聲音突然放慢步伐的年輕人，對她們笑了一下，好像有點不好意思。

「還是你看看喜歡哪個？我幫你介紹，她們是……」學姊開始一一唱名，這下子，青年更不好意思了，馬上化身成一陣清脆的音符走了。就在那個鈴聲經過美光的時候，不知道是美光多心，還是她的錯覺，她覺得鈴聲在經過她身旁的時候，有停止了一下下。

年輕人的相處就是那樣，只要有了開始，接下來就會有它自然而然的發生，他們在經過彼此的時候，開始會聊天，甚至為了對方而停下來說說話。他叫阿志，目前還在金門當兵，為了豐年祭特地排假回來。他是部落未來「級長」候選人的前幾順位，也就是將來會擔任部落領導人的前幾位人選。「級長」是部落中很神聖、責任又很重的位置，美光之前聽過學姊講了幾次級長考核

跟選拔的過程，她始終不是很了解，說真的她也沒有非常想懂，因為那跟她無關。

「你的手怎麼了？」美光問阿志──那是她第一眼看見他，就發現他手上用紗布包紮的傷口；後來她經常偷偷看著他，觀察到他即便受了傷，手腳也未曾停歇。尤其是在指導部落的青少年的時候，經常一隻手不夠用，就會用受傷的手作輔助，然後感覺他臉頰的肌肉因為緊咬牙根而鼓了起來。「這個啊，前幾天割茅草的時候被鐮刀割到的。」他一派輕鬆地說。

「會不會很痛？」美光問，然後吃了一口部落的竹筒飯。
「還好。」他說。
「別假，明明就很痛，很愛逞強耶你！」美光說，然後舉了幾個她親眼所見覺得他如果再繼續這樣傷口應該永遠不會好的例子。
「妳偷看我喔！看得這麼仔細。」阿志突然對她這麼說；美光一下子不知道該怎麼接，她個性直，又是爸媽從小寵愛的女孩，向來是有話直說。
「你趕緊吃飯，你的竹筒飯快……快……快涼了！」她開始大舌頭。
「那妳餵我，我手痛。」阿志突然對她這麼說。
「蛤？我……我……我吃飽了！你慢慢吃，我先去大家那裡開會一下……」美光不知道為什麼自己會這樣，她明明很高興的，

可是她沒辦法，她真的沒辦法馬上接得這麼快。也許她需要時間調適——她需要時間高興，需要時間去想這是什麼意思？她突然像一陣風那樣跑起來，她希望這件事情從此就有一個飛快的開始，但似乎又希望時間可以靜止在這美麗的一刻。所有感情的開始，都是美好的；然而，那真的是一份感情嗎？還是只是她會錯意的玩笑？

事實是，在接下來的幾天裡，故事都沒有後來的繼續。也許是因為豐年祭開始了，阿志真的很忙，她努力這麼想；然後她告訴自己，這個故事並沒有未完待續，也許那個開始其實是一個結束。

最後，她把它寫成一篇遊記放在臉書，作為那趟旅行的回憶。在寫那篇遊記的時候一直想到他，可是她最後只給了他一張照片的篇幅而已，那是他們僅有的一張合照，完全不能證明什麼，於是她只在下面寫了一行「部落小鮮肉」而已。

　　＊　＊　＊

「Hi！」美光點開那則臉書的訊息，當她發現發訊人是阿志的時候，驚訝到嘴巴都快閤不起來。

阿志不是她的臉書好友，她沒想到他會看見那篇遊記。他說是從學姊的分享文裡面看見的。她很快就跳過這題，因為她害怕

他會提到那個「部落小鮮肉」的註記。接下來幾天，他們在臉書的聊天室裡斷斷續續地聊天，都是各自生活裡的小事，跟感情無關，但也都可以跟感情有關……他的假期就要結束了，明天他就要回去小金門，部隊不准帶智慧型手機，他會把自己的智慧型手機借給妹妹用，他們就無法再像這樣聯繫了。

「又不是以後永遠都不會再見面了。」他在發來的訊息這麼寫著，在美光那則突然展現了離愁的訊息之後。

美光心想，他們除了臉書，沒有別的聯絡方式了。她很想勇敢地直接給阿志電話號碼。可是，會不會給了之後，就要開始陷入無盡的等待？因為阿志從來沒有開口跟她要過電話。也許，那個「又不是以後永遠都不會再見面了」也只是他的一個禮貌性邀請，邀請她每年的豐年祭，再像今年一樣到部落裡來玩。

應該就是那樣。因為阿志最後還是沒有跟她開口要電話。

「祝你一路順風！」美光在最後這麼說，十二點了，她在睡前看了一下時鐘。那晚，她沒有睡好，她睡得很淺，不知為何她在凌晨五點醒來，然後看見那個剛剛發進來的訊息，不是臉書的訊息，而是手機的簡訊。

「我請部落的人跟妳學姊要了妳的手機號碼，我要出發去小

金門了，好好照顧自己。這是我的手機號碼，陽春手機在小金門只能發簡訊。我們保持聯絡好嗎？哈，我們這樣可以算開始交往了嗎？」阿志在發來的簡訊上說。

她明明沒睡好，可是她卻再也睡不著，她看著那則簡訊很多次、很多次，然後一直笑、一直笑。

後來，那個她心目中的戰神男孩，跟她承認她當時並不是錯覺，他在經過她身邊的時候真的有停下來。鈴鐺聲真的有停止，可是他心底的聲音沒有停止，他覺得這個女生很漂亮，尤其是她的大眼睛，看起來很單純、很勇敢，就跟山上的月亮一樣。

　　＊　＊　＊

接下來的半年，他們透過簡訊和電話聯繫，大家普遍不看好的「遠距離」戀情，他們卻很順利地走了過來。

美光心疼阿志，一個人在那麼遠的地方。感覺他好像什麼事都自己扛，長這麼大，連一次生日都沒過，從前的女朋友也從沒幫他慶生過。在小金門當兵，家人也從來沒探望或接送過。

美光也欣賞阿志，欣賞他的勇敢和獨立。她看過他在山裡身手矯健的樣子，見過他亦師亦友地指導部落青年們的樣子，尤其

是當他站在山的稜線上，那就是他的舞台、他的世界，那就是她覺得他最帥的樣子！

美光努力地參與阿志的一切，休假回來她一定會去機場接送他，替他過了生平的第一個生日；那張阿志這輩子第一張收到的生日卡片，是美光花八個小時才終於完成的手工卡片，當然也包含一起參與了許多部落的聚會和活動。

印象最深的那次，是她參與了部落的「尋根活動」，也就是部落的長者帶著青年去看祖先們最早在深山裡居住的地方。完全沒有爬山經驗的美光，跟著他們在山裡待了三天兩夜。整個大隊裡只有三個漢人，其中一個嫁到部落的大姊，跟美光一樣不太會走山路，她的丈夫只要看見大姊笨手笨腳的，就會不耐煩地兇她。

阿志是青年之首，他必須要帶領青年，而且遵照傳統，要依序讓輩分高的族人先走，他們最後才能出發。於是阿志就拜託部落的親友們，請他們幫他照顧美光。一路上，他們會放慢腳步等她，或者協助她經過困難的地形，直到那個傳說中的「斷崖」終於出現在眼前，那是美光早就聽說的這趟行程的「重頭戲」，每個人都必須用繩子垂降下去才能繼續前進。終於她綁好繩索，就在她顫抖著一步步靠近懸崖的時候，突然聽見身後有人喊她的名字，她一回頭，就看見那個她最熟悉的身影。

原來阿志不放心她，於是完全沒有休息，一路從隊伍最後面趕到前面來看她。

「不要怕，有我在。」在一起往下垂降的時候，美光跟阿志靠得好近，她可以感覺到自己的心跳聲跟阿志的鼻息融合在一起……她其實一點都不害怕！她只要跟他在一起就什麼都不怕，如果可以，她想就這樣一輩子跟他靠在一起。

　　＊　＊　＊

妳追隨過誰嗎？願意隨他去天涯海角，就像美光追隨著阿志那樣。

美光每次都會陪阿志回去參加部落的祭典，因為擔心他又會受傷，擔心他因為忙，又會忽略掉三餐，尤其是部落每年最重要的三大盛事：豐年祭、捕魚祭跟過年晚會，美光都一定會陪阿志回到山上。從前她只聽學姊說過，在祭典前一個月就要開始辛苦忙碌的景象，她現在不只親眼看見了，還親身參與了。

她真的沒想到部落的「捕魚祭」會這麼辛苦。連續好幾天，阿志他們半夜三點就要出發去捕魚，然後天剛亮就會帶著漁獲回來，接下來就是女人們接手。於是，美光每天就得五點多起「床」──因為阿志在山上的老家已經年久失修，也沒有多餘的

住所，所以美光其實沒有「床」，她是睡在廂型車上。每天清早
她從車窗裡靠著薄薄的天光看向窗外，如果他們還沒回來，她就
會偷偷再瞇一下，直到外面有動靜時她就會像觸電那樣從床上彈
起來！然後趕緊像部落裡的其他女人們那樣出去幫忙。

美光從小吃魚，都是媽媽煮好，疼愛她的爸爸會在餐桌上先
幫她把刺都先挑起，才移到她面前。她從來沒想到自己後來會擁
有這項紀錄 —— 她最高紀錄是一個早上就殺了一百多條魚，刮了
一百多條魚的鱗片，然後還有接下來一整天的工作，在等著她。

她當然覺得辛苦，但她從不喊苦，所以部落裡的長輩們都很
喜歡她。阿志的爸媽，從來都沒有喜歡過阿志的女朋友，連他們
都喜歡美光，甚至還提早喊她媳婦。漢人媳婦都是等嫁到部落之
後才會有山地名字，可是部落的人提早給了她一個名字，叫做「艾
古」。於是，族人都開始叫她艾古，「艾古吃飽了嗎？」、「艾
古今天舞跳得很好耶！」、「艾古上次怎麼沒有回來？」族人們
把她當成了部落的一員。

也因為如此，族人也開始對她有了部落會有的要求。非常尊
重「輩分」的部落，只要現場有長輩，就絕對不能讓他們動手。
長輩也會刻意考驗青年，不論大小型的聚會，如果看到長輩們在
工作，年輕人們就要馬上跑過去幫忙。有一次，美光沒注意到有
一個部落的嫂嫂正在洗菜，還跟姊姊們聊天，有一個她不認識

的部落大嫂，突然很用力地拍了她的手臂說：「還不趕快過去幫忙！」從那次的震撼教育之後，只要是在部落的聚會場合，美光都會戰戰兢兢地，生怕自己有什麼事沒做好。

另外讓美光壓力比較大的，就是部落的人們難免會在背後議論別人的行為，譬如誰睡到幾點都還沒起床、誰都已經五十歲了還在穿短褲……諸如此類的流言蜚語讓她很困擾，那不是她的風格，她不喜歡在背後議論別人，也不喜歡被議論。

跟阿志交往一年半後，他們開始住在一起。她參與了他更多的人生，也開始了畢業後進入社會的生活。她選擇了保險業，因為她覺得這份工作的上班時間比較有彈性，如此一來她便比較可以配合阿志回部落的時間。

她越來越了解阿志的辛苦，身為未來「級長」候選人的他，對部落有很大的責任。同階級裡的大多數人都以自己的利益跟發展為重心，但阿志卻為了準備部落的大小祭典，先是犧牲學業，後來又放棄朝九晚五的工作，從事工時比較有彈性的鐵工——那個在她眼中馳騁在山林裡的戰神，就好似為了隱匿自己的身分，在山下過著又辛苦又邊緣的生活。

外人無法理解，連美光那麼愛他都無法理解，為什麼傳承部落的「傳統」這麼重要？為什麼「傳統」會這麼嚴苛？為什麼這

些「傳統」看起來像是延續了過去，卻同時也正毀掉子孫在現代社會的前途？

　　就好像她後來其實也分不太清楚，阿志對部落活動的投入，究竟是因為「責任感」？還是因為他其實也很「喜歡」？

　　如果是因為「責任感」，那他每次因為部落臨時有活動，而取消他們的計畫，甚至是一趟籌備了很久的旅行，她是不是就可以不要那麼生氣？可是，她難道不也是他的「責任」嗎?!

　　如果是因為「喜歡」，那他每次只要一回去部落，就會因為全心投入而忘記要跟她報平安，忘記她會因為他的失聯而擔心，那她可不可以把它想成：他喜歡部落，更甚於她，所以才會因為那個「喜歡」而忘記了這個「喜歡」?!

　　後來，他們幾乎都是為了部落而吵，為了他的不懂得量力而為而吵；為了心疼他的疲累而吵；為了同階級只有他還在全心投入，大家都在忙自己的事而吵。

　　有一年，阿志真的對同階級的青年太失望了，於是捕魚祭也跟大家一樣不回去，結果部落馬上就在背後議論，一定是因為美光，是她不讓他回去，阿志才沒回去的。

美光從來沒有想要把「自己」跟「部落」放在天平的兩端作比較，卻也還是在某一次吵架的時候，真的就忍不住脫口而出了：

　　「『部落』跟『我』，你選誰？」
　　「妳。」當阿志這麼回答的時候，她馬上就忍不住笑出來。

　　在一起將近三年的日子，曾經擁有過的快樂那麼多，每一件，美光都記得；她相信阿志也是。否則他們不會在每一次的爭吵後，總是因為誰先軟化，就又和好，又回去過他們快樂的小日子，然後再等著下一次又因為部落的事情，再把他們擊倒。

　　曾經在很激烈的爭執之後，美光說出了「分手」，第一次說出那兩個字的時候她的眼淚一直掉，身體也一直抖，她看見阿志也在掉眼淚，然後一聽見他說：「我沒有地方可以去。」她就心軟了！後來，阿志也提過分手，結果還是一樣，最後都一樣因為捨不得，而繼續留下來。

　　兩個人剛和好的那陣子，他們的感情總是會更好，好到會讓妳以為這份感情更堅固了，直到他們又在同一件事情敗下陣來，美光才發現，其實他們一直沒有真的解決過那個問題。而這份感情最大的問題，就是他們「沒有共同的將來」。

她努力過，她願意更懂事、更體諒他，願意試著不再用自己的標準去評斷他的價值觀，她甚至想過就當一個追隨者，就像當時追隨著他，走過那些山路、垂降過山谷……然後呢？當那段路已經不再是一趟夏日的旅程，而是一條長遠的人生道路，美光願意追隨他，可是阿志要帶她走去哪裡呢？

　　成為在阿志背後支持他傳承部落文化的那隻手，甚至將來真的成為「級長」夫人，跟他一起服務部落？然而，那是美光想要的嗎？她沒有馬上給自己答案，她怕自己會太武斷，怕自己會一不小心就錯過幸福；可是她也越來越清楚，如果妳在一場感情裡，永遠在同樣的事情上絆倒，那麼一開始那個妳捨不得下的決定，就一樣會是妳最後的答案。

　　阿志的確是「選擇」了她，可是他也從來沒有真正離開過部落。那是他的血脈、他的基因，是他的「與生俱來」。阿志沒有變，他的善良、幽默還有執著，他一直是當時美光愛的那個男孩；美光也沒有變，她也一直是當年那個熱情、勇敢的女孩，所以她當時才會前進部落，所以她後來才會還有更多的夢想要去實現，而不是把自己禁錮在這裡。

　　那天，跟許多從前的每一次一樣，阿志又回去部落。美光告訴自己不要再找他，也不要再等他。她知道每次祭典時，阿志每天都只會睡兩三個小時，然後還要去打獵，最後還會在很累的情

況下，從花蓮開車走蘇花公路回到西部。她沒有吵他，可是她沒有辦法停止自己的擔心，她不是杞人憂天，就在上一個捕魚祭，部落裡一個她很喜歡的長輩就因為血糖過低，溺斃在溪水裡。

打獵那天，阿志當然又沒跟她聯絡，到了晚上美光忍不住打給他，「那你明天到中壢，打個電話跟我報平安。」美光最後這麼說。

阿志預計明天下午出發，晚上會在中壢爸媽家先休息一下，然後才會回到新竹他們住的地方。

美光沒有說，她知道阿志一定忙得忘記了，明天也是她的生日。

第二天，也許阿志晚一點真的會打來，總之美光就是在晚上先打給他。

「你到中壢了？」美光問他。
「嗯，剛到。」阿志回答，感覺旁邊還有女生在說話的聲音。
「你在做什麼？旁邊是誰在說話？」美光問。
「跟朋友在逛夜市。」他回答。
「女生？」美光問。
「嗯。」他回答。
「你跟我不認識的女生去逛夜市，不用跟我說一聲嗎？」等

不到他電話的美光，語調忍不住提高了。

「我今晚不會回去喔！我會在爸媽這裡過夜。」阿志說，感覺是不想再多說了。

「隨便你！」她火大地掛上電話。

美光沒有忍很久，她馬上就又打給阿志，想跟他說清楚，卻發現阿志的手機關機了。她馬上改打給阿志的媽媽，她後來覺得那是一個很愚蠢的決定，因為她對阿志媽媽裝可憐了一番，她知道媽媽後來一定會打給阿志，阿志一定會接媽媽的電話。

「我的手機沒電了！那兩個女生是花蓮部落的，因為高乘載管制搭我便車回來的，她們只是請我吃飯答謝，結果妳打給我媽告狀？」阿志的訊息終於傳進來。

美光看了一下手機螢幕上方的時間，十二點零一分，她的生日剛剛過去了，他連一句生日快樂都沒有給她，還責備她。

兩天後，阿志回來了。

兩個人沒有說話，阿志吃他的飯、看他的電視；美光看她的手機、玩她的手遊。

隔天美光去台中參加公司的講習，突然收到阿志的訊息，她

點開來看，上面寫著：我們分手吧！

　　美光忍著眼淚把課上完，直到坐上了回新竹的國光號，在只有幾個人的車廂裡，眼淚才化成雨幕落下來。她在那一陣模糊過一陣的視野裡，反覆回想，又反覆看見了這三年半來的好多事情……每一件快樂的事情，她都記得；每一件傷心的事，她都想努力忘記 —— 她知道那裡面沒有哪一件是壓垮他們的最後一根稻草，而是這份感情走到最後必然會發生的結果。

　　美光在車上想了好多，她知道只要再哭一下、凹一下，他們應該就可以又復合。她從前會那樣做，但是現在她知道那真的對他們都沒有意義，因為就算再復合，他們也不會再回到當時的快樂。

　　為了相同的問題，這半年來他們已經幾乎不再溝通，他們很像室友，更像是在實習單身。阿志不懂也不想懂美光的工作，美光也不再積極參與阿志部落的活動。她甚至會覺得他們都已經在準備離開，只是最後究竟是誰先開口而已。

　　說好了，那個週末美光會回爸媽家，阿志就利用那個週末把他的東西都搬走。週日的深晚，明明已經有心理準備的美光，在轉開門鎖的時候還是停頓了一下，一推開門，馬上呼吸到房子裡空了一塊的氣味……終於，她再也無法多走一步地蹲下來大哭，

就跟所有分分合合，最後還是分了的情侶們一樣，她蜷曲著身體邊哭邊問自己：「為什麼我們明明可以那麼好，卻還是走到這一天？如果你最後還是捨得分手，那我們這幾年的感情，究竟是算什麼?!」

　　　　＊　＊　＊

　　「『艾古』，我的女兒，我終於找到妳了！妳什麼時候再回來部落啊？」阿志的媽媽問，在他們分手的幾個月後，她終於跟美光聯絡上了。
　　「『艾古』，妳在哭嗎？」阿志的媽媽說。
　　「沒有啊，『艾古』不『愛哭』。」美光開了一個諧音的笑話。
　　「那天他爸爸才又罵他，說怎麼沒把妳娶回家！」媽媽說。

　　美光不知道該接什麼話，就像分手後的那些無以為繼的接下來，分開後的第一個「豐年祭」，她一個人喝酒喝到在大街上吐，吐到腦袋一片空白，她完全沒有在想自己什麼，她想到的都是他：他有沒有吃飯？有沒有睡好？部落長老有沒有為難他？他受傷有好好處理嗎？有沒有人可以幫他去買藥？

　　而她後來又是多麼努力，才真的走上了那些「一個人」的旅程。她沒有後悔，她只是需要比原先預期的又更多的勇氣。幾個月後，她終於在工作上得到職位的晉升；後來，她終於第一次出

國，她去了韓國首爾，看了好多東西，她一個人站在首爾塔的夜景高台上，望向那片燈海，還有延伸出去更遠、更遠的地方，她知道那就是更大的世界，才是她真心嚮往的方向。

就好像，她也已經越來越可以理解，阿志也有他真心想去的地方，那就是她見過的戰神所馳騁的那片山林。

她還是愛他；她知道，他也還是記掛著她。

只是他們也終於明白，這世界有一種分開，跟不愛了無關，而是他們都有各自的想望，想要去完成；這世界有一種完成，跟自私無關，而是我們都明白不論是誰配合了誰，最後都不會快樂。

於是我們也才終於學會了祝福，祝福彼此順利、安康，最後可以成為那個自己想成為的人。

美光衷心希望他好，甚至希望阿志後來可以遇見另外一個「她」。「她」不一定會比她更愛他，可是一定會比她更適合當「級長」夫人，她希望「她」可以好好照顧阿志，成為他背後最好的支柱。

「妳什麼時候再回來部落啊？」阿志媽媽在電話的最後又問了一次。

「會，會盡快找時間回去看媽媽。」美光回答。她是說真的，她是真心懷念部落，懷念那裡的祭典、那裡的山林、那裡所有他們曾經走過的地方；而她最懷念的是那一年的夏天、那天的陽光，從那片陽光裡開始的那個愛的故事。

　　那場愛，有一個名字，叫做「艾古」。

照片提供｜艾古

Chapter 2

妳會勇敢
好不會一直迷路

一場錯愛，
毀掉了妳的勇氣和相信。
妳覺得害怕，
不知道這場傷痛還要持續多久？
不知道自己還有多少力氣可以抵擋？
妳總會明白的，妳不是永遠地失去，
妳只是還在整理。
整理好了，妳的恐懼會變成勇敢，
疑惑會變成更懂得判斷。
人生有時候會很難，但妳會越變越勇敢。
世界會越來越複雜，但妳要的幸福，
一直都那麼簡單而純粹。

妳會勇敢。妳不會一直迷路。
妳絕對不會白吃這場苦的。
那是後來當妳終於踏上幸福的路，
妳才明白，原來此刻的寂寞，
是一場那麼值得的等待。

要懂得替妳想的人，
才能給妳真的幸福

　　「角子，在我為了這份感情努力了這麼多之後，他為什麼要這麼說？我真的很想知道，他究竟是怎麼想的？」我看著這封讀者的來信，「他究竟是怎麼想的？」是我在收到的郵件裡，最後經常會看見的疑問句。

　　妳從小就懂得替別人想，尤其是替自己喜歡的人想。妳替他想了很多，用妳最真誠纖細的心，擔心他工作太累、擔心他餓壞了腸胃……然後最後也在他逐漸對這份感情的輕忽裡，擔心他的心是不是已經不在？

　　妳想過，也許是因為他最近的工作很累，妳應該要更體諒他。妳願意再替他多想一點，可以盡量忍住不去打擾他，可是妳真的好難說服自己，妳那麼想念他，為什麼他可以完全都不想妳？他是妳努力的理由，可是他為什麼會因為忙，就不想見妳？所以，這份感情是他人生永遠的「第二順位」對嗎？在工作之後、在順

利之後，這是一份要在他很平順、很輕鬆的情況下才會成立的感情，對不對？

　　妳希望他說「不是」，妳可以當成是錯怪一場；又或者，妳也可以咬牙承受他說「是」，讓妳徹底死心，哭完再重新開始。

　　只可惜，他連這麼簡單的答案，都無法給妳。他給妳的回答，永遠那麼高深又富含哲理 —— 他也許先責怪自己了，可是為什麼思索到後來，妳會覺得錯的人好像是妳？又或許，他請妳再給他一些時間思考，可是為什麼那場等待，會漫長到他好像已經永遠走開，不想再回來。

　　妳的思緒在他的答案裡沉浮，妳所有第一次的想法都是對的。但那就是「愛」的特質，我們很快就會努力地往好處想，我們總是要在傷心很多次之後，才會真的接受，原來對方真的可以這麼無情地對待我們。

　　是的，你們曾經很「快樂」，但是這個世界會讓人快樂的事情很多，所以妳不是他快樂的唯一選項。可是「幸福」不是這樣，幸福是除了快樂，還有「責任」。是除了享受快樂，也還願意為對方承受及付出 —— 因為妳想要經營的是「幸福」；而他想要的只是一時的「快樂」。所以妳就算再累，也會想照顧他；所以他才會一忙，就會覺得妳很麻煩。

一個不想跟妳說清楚的人，是因為他根本就不在乎妳是怎麼想的。一個不在乎妳的人，妳又何必對他繼續在乎？!

　　「他究竟是怎麼想的？」我看著這位讀者的問句，很想多寫點什麼，但我真的寫不出來，因為那個讓妳傷心的人，最經常的狀況，是他們「什麼都沒有在想」。一個願意對妳用心的人，怎麼會讓妳傷心？! 一個沒有心的人，又怎麼可能會想什麼？!

　　所以，親愛的，這就是我經常最簡短的回答：一個不能給妳幸福的人，妳管他在想什麼？!

　　關於幸福，妳真正應該在意的，並不是他是怎麼想的，而是妳是怎麼想的。妳對於幸福的標準可以有很多，可是最基本的標準一定要有這一項：

　　要懂得替妳想的人，才能給妳真的幸福。

因為他回頭的理由，
是因為寂寞

妳知道那並不是一場公平的愛。
連分手，都是他片面的決定。
而妳是好不容易才靠自己走到這裡。

如果他真的心疼妳，
就不應該再回頭來撩撥妳。
因為他回頭的理由，並不是因為珍惜，而是寂寞。

真的會捨不得的人，當時就不會那麼殘忍地離開。
真的思考過的人，就不會後來假裝什麼都不曾發生。
不是先提分手的人，就可以有資格後悔。
不是當時捨不得的人，後來就應該要考慮再接受。

從前不珍惜妳的人，
後來也不可能自己學會珍惜。
妳當時沒有機會，可是這次妳會讓他明白，
妳絕對也可以對他說「不」。

在離開時還想當好人的人，
才是感情裡最壞的人

　　那是妳今生很難忘記的一刻，那是一個曾經跟妳走得很近的人，突然對妳提出「分手」。

　　「對不起！」當妳一聽到他這麼說的時候，眼淚就潰堤了。他終於懂了妳在這份感情裡的努力和辛苦，可是妳也只要他懂就可以了，妳沒有要他離開，你們還有很多的可能，可以一起努力。

　　「我知道妳很用心，也知道妳對感情的認真，是我不夠好。」他把自己貶得很低，那樣的姿態讓妳心疼。接下來妳必須很努力聽，才能真正懂得他想表達的意思。是的，他並沒有因為知道妳很好，就想要留下來；即便很好的妳，最後都已經哭著挽留他，他還是要離開。

　　妳不知道自己是怎麼熬過他走後的那幾個晚上的，那是妳生命裡的一段「永夜」。可是最後妳還是又抹乾眼淚了，那是妳的

強韌和執著，那就是妳在那份感情裡一直持續在做的，妳總是可以在黑暗裡又看見光的方向。

　　因為他說「我們還是朋友」，他沒有把話說死，也許那也是他的捨不得；或許，他還跟妳許下了類似這樣的約定：「如果在半年內，我們各自都沒有找到更好的對象，也許就代表我們還是愛著彼此。」這樣的約定讓人心碎，可是妳最後還是在那些碎片裡，看見了「希望」的光芒。

　　妳鼓勵著自己，不是鼓勵自己從那場感情離開，而是告訴自己依然跟那份愛存在著聯繫。你們還是「朋友」，於是妳還是可以找他，你們依然跟旁人有著不一樣的感情。只是後來妳也漸漸明白了，他不會是妳的「朋友」！朋友最基本應該做到的「了解」和「陪伴」，他從前就做不到，怎麼可能在離開後還會做到；妳更不可能是他的「朋友」，妳在那些再也找不到他的時刻，在那些面對他後來冷酷的語氣時默默流下的眼淚，絕對不是「朋友」的，而是「情人」的眼淚。

　　妳一直還記得你們的約定，只是後來妳也在那場等待裡了解了，那場關於時間的約定，相約的其實是「開始」，而不是「結束」；是宣告自由的開始，而不是離散的結束。所以妳的倒數計時才會那麼辛苦，所以他的重新開始才會那麼容易 —— 妳永遠不會等到那個約定實現的！因為一個捨不得離開妳的人，根本從一

開始就不會離開。而一個在提出分手時跟妳說「再見」的人，經常心底真正想說的是「永不再見」。

那就是重感情的人，後來又一個人默默面對的「第二次」分手和傷心，妳在又多走了那麼一大段的路程裡才終於看懂了，那個從來都沒有真心想要跟妳「一起」的人，最後連分手都沒有想要跟妳「一起」。

那不是他的厚道，而是自私。他只是想用「朋友」的身分騙取最後分手的「和平」；那不是他的慈悲，而是殘忍，他只是想用一個「後會有期」的約定把妳留在這裡，然後再用最快的速度遠走高飛。

一個在過程裡不懂得珍惜妳的人，怎麼可能在最後會真的覺得抱歉和惋惜？! 一個不願意讓妳幸福的人，又怎麼可能在最後給妳多真心的祝福？!

那個在感情裡從來都不稱職的人，妳希望他起碼最後可以做到稱職的分手。不要再用那些好聽的話，來粉飾這段他早就離開的感情；別再用那些模稜兩可的話術，讓重感情的人再被這份愛傷害第二次。

從來都不是感情裡的好人，請別在最後才假裝是好人──這

是妳最後想對他說的真心話。妳的悲傷，妳會自理；他的心虛，與妳無關。妳再也不會在一段感情的最後，竟然還為他的罪惡感埋單，他無法消弭的業障請他自己帶走。

　　妳會好好照顧自己，妳再也不會為這份感情再多走任何一哩傷心的路，因為妳已經看穿了他的假面：在離開時還想當好人的人，才是感情裡最壞的人。

所有的失去，
後來都會再用別的方式重新獲得

妳開始安靜地生活，
不再訴說傷心。
妳知道「成長」，一直都是自己的功課。

妳開始練習，習慣寂寞。
讓自己成為這個世界最強大的依靠。
妳可以失去一切，
可是妳再也不會失去自己。

妳已經越來越有把握，
幸福並不是「曾經」，
而是妳要把接下來的日子，過成什麼樣子。

妳會努力向前，
妳知道所有的失去，後來都會再用別的方式重新獲得。
妳會努力走過，
妳一定會成為妳想成為的樣子。
妳不是沒來由地變成那個樣子，妳是因為走過，
才終於成為了那樣的人。

Chapter 3

關於幸福，
妳可以等，
好絕對不會將就

請勿倚靠
以免危險

幸福，是一種安定。
是兩個人有說不完的話，
也可以靜靜地牽著手走路。
幸福，是一種確定。
是妳知道他絕對不是最好，
就像妳也不完美，
可是你們卻可以創造，最自在的生活。

幸福，是一種堅定。
是我一定只要這樣的你。
而你也只要如此的我。

關於幸福，我絕對不會將就。
我會保有最真實的樣子，讓自己持續發出光熱。
我會等，等你認出我。
讓我們在人海中先各自努力，
等到那天用最好的我，去交換後來最好的你。

感情裡的「錯過」，
都只是「路過」

「角子，我真的放不下，我不要以後會後悔，後悔自己竟然就這麼錯過了這個人，錯過了一場幸福的可能……」我看著這封讀者的來信，正要開始回信卻先被電腦螢幕下方的某個新聞標題吸引了：「日本女星鈴木杏樹遭揭不倫戀」！

「鈴木杏樹」就是當年經典日劇《愛情白皮書》的演員之一，我點進去看，事情就是從那個點擊開始失控的，我其實並沒有在那則新聞裡停留太久，它啟動的是我的另一個開關——後來的整個下午直到那天深夜，我都在重看《愛情白皮書》。

劇中主角奈美和掛居的愛，堪稱是感情裡「錯過」的最佳代表。他們從大學開始到出社會工作，在長達五年不斷地相愛又不斷地「錯過」裡，深刻地勾勒出曾經在愛裡錯過的戀人們的「遺憾」——那是我們都曾經很愛過的一個人，你們曾經有過一些很美好的經歷，只可惜那是一個在過程裡充滿線索，但最後卻還是

沒有答案的故事。

「錯過」很傷，錯過最傷的並不是沒有結果，而是對方最後連一個理由都沒有給妳；「錯過」很苦，錯過最苦的並不是妳一個人留在這裡，而是妳明明還願意為那份感情努力，可是卻已經沒有身分去執行。

多年前，我的心情隨著奈美跟掛居不斷地在命運的「錯過」裡起伏，最後終於欣慰地看見了一個圓滿的結局。多年後，除了結局，我又更深刻地看懂了，原來讓他們得以在那些命運的「錯過」裡，最後還是能夠團聚，依靠的並不是那些機緣巧合，而是他們始終心繫著彼此的心意。

那些感嘆著造化弄人的戀人們，把問題都歸咎於「命運」。其實「命運」從來都沒有想要阻擋你們，是「命運」讓你們相遇，可是最後你們能不能留在彼此的生命裡，就要靠你們自己 ── 不是單方，不是靠誰死命地拉住誰；而是雙方，是兩顆心的緊緊相繫，才能在茫茫人海裡，在命運不斷的交錯裡，也一直清楚地知道自己想去的方向。

而那個我們一直以為「錯過」的人，他們離開的理由有許多，可能是因為不夠勇敢，也可能是因為不夠愛……不管原因是什麼，那都是一個「決定」，跟命運無關，那是他思考過後的「決

定」。於是我們也才終於明白了，這世界從來都沒有真的「錯過」，所有的「錯過」，其實都是選擇後的結果。

我們一直以為「錯過」的那場幸福，之所以會那麼美好，大多是因為它還沒有真的發生，還沒有機會去接受現實的考驗，所以才會那麼純粹。

幸福，一定要經由雙方的共同努力才會成立，而他其實連想開始的意願都沒有。妳當然可以幸福，可以得到妳夢想中的幸福，只是那個人，絕對不會是他。

偶像劇裡總是充滿了機緣巧合，我們在後來的歲月裡，都更明白了人生是一場更嚴酷的真實劇，許多事情是一旦決定就很難再回頭，許多人是一旦別過了，就也許終生不會再見。所以對於那個不擔心「錯過」妳就錯過了幸福的人，妳又何必再苦苦留戀？!

然而，更殘酷的事實也許是，那個妳一直感傷著「錯過」的人，妳遺憾的路還那麼長，而他卻經常只需要一個人生路口的轉折，就可以把妳遺忘。

錯過一班車、錯過一個投資……我們可能會在人生裡「錯過」的事情有許多，但卻絕對不會是「感情」。感情裡的「錯過」，

都只是路過。

　　感情裡的錯過，不會發生在過去，卻絕對可能發生在未來——妳在愛裡最大的「錯過」，就是妳竟然還逗留在這裡，一直耽誤正在前方等著妳的幸福。

—— vol.2 ——

這世界本來就有一些人，
是為了讓我們學會，
而不是要讓我們幸福

因為曾經很甜，
所以才會有後來，一個人很酸的滋味。
有些酸，會在明白中化為煙塵，
成為妳終於看清楚的不值得。
也有些酸，後來會再轉成甜，
成為妳生命中永恆的印記。

妳不再怪他，也不再責備自己。
生命中，總有一些無法挽回的遺憾。
這世界本來就有一些人，
是為了讓我們學會，而不是要讓我們幸福。

妳會努力往前走，在過程裡，
如果有幸，也願意去領略那樣的滋味。
那是生命必經的過程，那是人生有厚度的滋味。

70

跟成敗無關，

願妳也在過程裡遇見了生命中由酸轉甜的人與事。

最後不只走到幸福，

也在心中保有了那些美好的印記。

—— vol.3 ——

「愛」就是勇敢說出來

你們也許剛認識沒有很久，也許已經交往了一段時間，有些話、有些事一直在妳心底，妳很想說，可是妳開不了口。

妳說不出來，也許是因為妳覺得先開口會很丟臉，譬如正在「曖昧期」的你們，妳不知道女生該怎麼先開口問對方的意願？妳不全然同意那個說法，但妳還是被許多人的意見綁架了。他們說先開口的人就輸，而輸在起點的人，接下來就會愛得比較辛苦。

也許你們早就走過曖昧期，妳開不了口的，是兩個人「在一起」以後發生的問題，可能是對金錢的看法，可能是某個觀念的歧異。妳不想說出來是擔心會影響這份感情，妳壓抑著，還沒影響到感情卻先影響了自己的心情。妳可以在工作上守住天大的秘密，可是對感情、對自己喜歡的人，要隱瞞一點心意卻那麼困難。

於是，妳開始閱讀那些關於兩性溝通的教戰守則，它們經常

用的關鍵字是「完美」，教妳「完美」地提出問題，甚至還教妳如何比較容易得到「完美」的答案。妳反覆看了幾次，妳當然不會相信，因為妳知道「愛」跟如何把髒衣服洗白、如何快速去除油漬那些事情真的不一樣，它們總是因人而異。妳更明白在感情世界裡，絕對沒有一種超完美溝通術，可以保證得到妳想要的回答。

其實，妳真正需要的並不是「方法」，而是一定要去執行的「勇氣」。 如果妳擔心說出來，會失去這份感情；但其實妳更明白，如果不解決這個問題，這段感情一樣會停在這裡不會再前進。

妳在感情裡針對溝通真正需要的「方法」，並不是那些繁複的話術，而是從一開始就先確立自己跟對方都是獨立的個體。於是妳會懂得尊重他，尊重他絕對可以不同意妳的看法，甚至否定妳的意見；更重要的是妳也一定會懂得尊重自己，如果那個問題對妳來說很重要，那妳也絕對不會將就。因為妳要找的是一個長期的人生伴侶，如果那個人因此而離開，那不是損失，而是停損，因為感情本來就應該只被放在跟妳有共識的人身上。

勇敢而清楚地把那些話說出來。妳在愛裡的勇敢，絕對不會讓妳失去愛；相反地，它會幫助妳驗證，那究竟是不是真的「愛」？一個真正愛妳的人，並不是凡事順從妳，他也可能會因為妳提出的問題而生氣，甚至因為妳的措辭而爭吵。可是只要在

彼此冷靜下來以後，妳發現他有在默默調整了，就好像妳也因為
聽見了他的心聲，也在努力地朝向他靠攏那樣。

　　真的「愛」，就會修補愛。那就是真心相愛的兩個人，在生
命中一定會發生的歧異裡，因為兩人都想留住彼此、想守住這份
關係，而願意一起做的調整跟努力。

　　讓不能跟妳協調的人離開，也只為願意跟妳溝通的人留下
來。人生很長，兩個人的生活裡要面對的突發狀況有很多，在那
些妳想跟對方溝通的問題裡，妳不會永遠話術精湛，可是妳一定
會鼓勵自己找機會勇敢地說出來。

　　因為妳知道那就是「愛」必經的過程，「和平」不是重點，
而是願意共同面對問題的「決心」，才會讓你們每一次的溝通，
都更清楚了彼此的需求；才會讓你們的愛不是只有快樂，而是即
便在爭吵之後，也會更靠近幸福的方向。

如果妳經常在那份感情裡傷心，
那一定是因為妳值得另一個更好的人

相愛的時候，要記得提醒自己，
就算失去一切，妳也還擁有接下來無盡可能的人生。
傷心的時候，要給自己留一些餘地，
一定要比平常更善待自己。

這些年，妳已經逐漸明白，
妳真正應該在一份感情裡保護的，
並不是那個無情的人，
而是自己的心。

跟運氣無關。
妳的心，才是妳會不會找到幸福的關鍵。
別讓愛耗弱妳的心，
別讓無心的人扭曲了妳的價值觀。

如果妳在一份感情裡覺得孤獨，
那是因為妳早就應該離開。
如果妳經常在那份感情裡傷心，
那一定是因為妳值得另一個更好的人。

story 2.

同框

　　「如果妳很喜歡一個人，可是你們的年齡和生活環境差很多，妳會因此而跟他分手嗎？」、「如果妳很喜歡一個人，妳會因為害怕自己配不上他，而離開他嗎？」我在赴約的公車上，不斷地想著這些問題。

　　汪芳會。

　　十年前，他們分手，那年，汪芳才二十歲而已。

　　「我們是在夜店認識的，品均大我十二歲，我當時還在念大學，他已經是個大企業的小主管了，我們交往了一年多，我很喜歡他，但我還是常因為他太忙無法見面而不開心。而且跟他比起來我好遜，我好多事情都不懂，我不是只有崇拜他而已，我還自卑，越愛越自卑……」汪芳坐在我的對面，邊說邊向服務生點餐。

「有一次我跟他進了一間日本料理餐廳，那間店感覺很高級，我興高采烈地正要打開菜單點東西，他馬上跟我說：

『我已經幫妳點好了！』。
『你幹嘛幫我決定要吃什麼？』我不高興地說。
『不然妳看得懂嗎?!』感覺他也有點生氣了。

我打開菜單，真的！我完全看不懂，都是日文，我默默地闔上菜單，裡面我唯一看得懂的是價錢，一個人要三千塊，那是我當時半個月的生活費耶！」她說。

最後，是汪芳提的分手，她接受了班上一個男同學的追求，因為他可以一直都在她身邊。其實她也想試試品均對她的愛，是不是真的？只是她很快就後悔了。後來，她經常想起品均，邊想邊掉眼淚，她終於明白了，真正的「門當戶對」，並不是「生活背景」，而是「愛」。他們真的不「門當戶對」，一直都是汪芳比較愛品均，都是她在等他，連她說要分手，品均都沒有挽留。

汪芳跟男同學很快就分手了，她接受許多人的安慰，她沒有解釋，其實他們都安慰錯了，她真正傷心和想念的，是品均。她不斷地告訴自己，大多數的人也就是那樣：再傷心，也終究會忘卻；再不想結束，也終究會接受它真的已經結束。

可是，就在分手的一年半後，品均突然又出現在她面前，戴著左手無名指上的婚戒。

　　「妳都還好嗎？」品均問她。
　　「還不錯。」汪芳很快就這麼回答。她想，在這樣的情況下，會有人承認自己過得不好嗎？可是，在分手的一年半後，沒有考慮就答應了前任的邀約的人，會真的過得很好嗎？

　　在他們從前最常去的那間咖啡廳裡，他們聊得很開心。品均說了很多，他的工作應該又更好了，而且幾個月前剛結婚。汪芳在聽到「結婚」兩個字的時候，努力不牽動臉上任何的肌肉神經。

　　汪芳聽著他說，她發現出社會後的自己，竟然開始可以在他的論述裡插得上話了，有許多的問題，可以接續他開啟的話題繼續問。她問了很多，但她其實真正想問的是「你找我做什麼？」，但她終究還是沒問。她為什麼要知道他找她做什麼呢？不管他給她什麼答案，她都不會滿意的。他都已經結婚了——所有的答案在這個前提之下，都不會是她想聽見的答案。

　　「今天很開心。」品均最後對她這麼說。

　　汪芳看著他的笑臉，她知道他是說真的。

於是，她開始等他。嗯，應該是說，她「又」開始等他，就像從前那樣。

　　「我思考過我們的關係是什麼？」汪芳吃了一口三明治，繼續跟我說：「我們不是朋友，因為只要在公眾場合，他就會跟我保持一些距離。他如果把我當成普通朋友，就不會這樣避嫌。」
　　「我可以知道你們有性關係嗎？」我問。
　　「沒有，所以我剛開始雖然有罪惡感，但並不嚴重。」她說。

　　她一樣等他，像等一個男朋友那樣等，只是頻率更低，他們大概就是一個星期會見兩次面。

　　在那些等待的時光裡，她想過品均的「無情」，分手他沒來挽留過，可是當時分手是她提的，不是嗎?!那她可以怨品均「無義」嗎？他竟然在他們分手之後，幾個月就交了新女朋友，然後那麼快就結婚……可是，他還是又回來找她了，他還是一樣忘不了她，不是嗎?!

　　汪芳覺得自己這幾年下來最大的進步，就是她開始懂得替對方想了。但也可以說是，她其實還是替自己想的，因為她失去過品均，知道那樣的痛苦，她不想再失去他，即便是用連自己都不知道是什麼的身分，只要能夠繼續站在他的生命裡，就好。

她經常後悔，不是後悔現在，而是後悔過去的不懂事。如果她當時更懂得替品均想，在他的朋友面前，做一個賢內助，而不是一個只希望他能多花一些時間陪她的女孩，後來品均的妻子會不會就是她？但畢竟她當時也才是一個二十歲的女孩而已；又或者，其實她當時的問題還不止這些。她斷續從品均口中知道了他太太的背景，品均說得很少，但其實也夠多了，她學歷高、家世好，光這兩點汪芳就輸得一敗塗地；光這兩點，就可以讓事業心很重的品均，人生又多了一雙可以飛得更高的翅膀。

　　這個故事從某個角度來看，也許還有一些勵志的意味。起碼對汪芳來說是的，她不再是當年那個二十歲的女孩，她出社會了，她很努力地往上爬，在等著品均發訊息跟她約見面的時間裡，她已經學會不要去吵他。她念書、運動，她同時鍛鍊自己的頭腦和身體。她沒有想太多，她只想保有「現狀」，而那個「現狀」就是一直成為品均會想約出來見面的人。

　　那一晚，他突然問她能不能出來，她當然可以。他很少在晚上找她，那天他們開車上山看夜景，下山的時候品均突然把車子開進一間汽車旅館，她沒有阻止，她讓一切自然而然地發生，在他們重聚的兩年後，他們又有了關係。

　　那一晚之後，汪芳從他的前女友、紅粉知己，變成他的「小三」。起碼世俗是這樣認定的，但汪芳不想定義，也不敢定義，

她躲在內心暗黑地沒有人可以說的那個角落，每當她又心慌，她只要能再見到品均就會又生出勇氣。

幾個星期後，汪芳才在品均跟老婆的電話對話裡聽懂了，原來他的老婆懷孕了。

那個晚上，汪芳失眠了。她在床上想了很多：原來，他是因為老婆懷孕不方便，才跟她發生關係的。是這樣嗎？難道，這裡面都沒有一點點是因為，她變得更好了？她沒有問，她不想問，當她想到他老婆已經懷孕的時候，她竟然有了罪惡感，她開始覺得那才是一個「家」，而她就是破壞他們家庭的人。她突然有了不要再跟品均來往的念頭，她努力想留住那個念頭，像在黑暗中護住一根燭火……

「那如果我不破壞呢？如果我可以不吵不鬧，是不是就可以一直像現在這樣下去？」她一轉念就又說服了自己，剎那間燭火熄滅了，她又回到黑暗裡。

「這幾年，妳都沒有再遇見過別的追求者嗎？」我忍不住問她，看著眼前這個打扮入時、表現幹練的女生，我不相信她會沒有追求者。
「我有男朋友。」汪芳說。

我看著她，等她說下去，這還真超出我的想像了。

「他是宅男，對我很好，是個生活中很好的伴。」她說。
「但他不是妳的心靈伴侶？」我問。

汪芳完全沒有遲疑，就對我點了點頭。

「妳都沒有遇到真正適合的人嗎？」我問。
「沒有，因為這世上只有一個王品均。」她說。

可是，王品均也是有缺點的，所以她才去找了一個宅男，可以讓她覺得安定、不寂寞，補足了品均不能給她的。甚至，還提供自己一個身分的掩護，她和品均只是朋友而已，因為她已經有男朋友了。

然而，這一切都是計畫後的結果嗎？真的懂得計畫的人，會把感情談得這樣四分五裂嗎?! 是貪婪嗎？在一份只能要得這麼少的感情裡，又怎麼能算貪心?! 她是一步、一步走到這裡，每一步都跟自己說：「這就是最後一步了。」到後來，她不再跟自己對話，自動把每一個最後一步又走成下一步，不要問她為什麼，若她可以告訴我為什麼，那她就不會還站在這裡了。

就在汪芳開始習慣現狀的時候，新的狀況發生了！那天她剛

起床，急著上廁所，忘了把手機帶進浴室，她請男友把手機拿給她。就在男友跑去拿手機的時候，訊息聲響起來，沒想到從來不會在清早發訊息給她的品均，竟然會臨時約她，而且還寫了那麼多句，每一句都讓正把手機拿在手上的男友看得清清楚楚。

鐵證如山，她沒什麼好辯駁的。那個已經躲在暗黑處太久的靈魂，突然被現實拖出來曝曬在陽光下，她以為自己早就為這一刻作過演練，可是她還是覺得那麼羞愧，她連多說一個字的勇氣都沒有⋯⋯「對不起！」她只想到這麼說，然後她拿了車子鑰匙往外衝，她開車飛馳在北海岸的公路上，沒有人可以說，她連打電話給品均的立場都沒有，他從來沒有要求她要這麼做，他沒有給過她任何時間表，他甚至連承認這是一份「愛」的話，都不曾對她說過。這一切都是她自願的，所以她也只能自作自受！她踩著油門，一路把車子從公路開進了海灘，她不想打開窗戶，不想跟這個世界來往，她在車子裡抽著剛剛買來的香菸，她不會抽菸，抽一口咳一口，整個車子裡的煙霧讓她咳得內臟都要吐出來⋯⋯她不懂！她連死都不怕了，為什麼還要一直這樣委屈自己。

她沒有死，是爸爸敲碎了車窗把她救出來。男友在第一時間通知了她爸媽，於是他們分頭去找，終於發現已經在車裡昏厥的她。

也許是因為那代表了她後悔的決心，所以男朋友最後還是原

諒她。也許他認為她只是糊塗一時，並不知道她其實已經在這份感情裡，掙扎了七年。

她應該在這裡重新做人，但是她沒有。

而我竟然可以理解，她的無所作為。因為「感謝」永遠無法抵擋「愛」。

「我在第三天就又跟他見面了，而且從此藏得更好。」她說。

後來，品均的事業越做越好，他決定在上海開設自己的公司，也開始在上海有了住所；汪芳追隨著他的腳步努力著，在工作上的表現也越來越好。經常來往兩地的他，終於對汪芳提出邀請，要她找個機會到上海走走。

那是汪芳第一次一個人出國，當飛機終於要降落在上海浦東機場的時刻，她看著窗戶下面的小房子，那就是有品均的城市，而他正在那裡等她。那也是他們第一次離開了他在台灣的老婆小孩的領域，第一次，她感覺跟品均真的走入了家常。不像以往見面總是只能短短的幾個小時，她是連續三天都跟他在一起。三天，在一生中很短，卻足以讓她一生懷念。

她永遠不會忘記那個下雪的夜晚，那場突來的漫天大雪，把

傘下的他們打得靠在一起。汪芳靠著品均，他從來不曾是她生活裡真實的依靠，這一路，她都是咬著牙靠自己走過來的。她緊緊挨著品均，突然前方有一群人走過來，她下意識地縮回身子要避嫌，卻感覺品均又靠了過來，她轉過頭看品均，發現品均也正在看著她，一下子把她的帽子摘下來，換上了他自己的那頂毛帽，邊幫她戴著邊說：「換我這頂，比較暖，別凍著了！」

接下來的路他們都沒再多說什麼，他們一起走在回家的路上，她全心地靠著他，那頂帽子讓她身子暖烘烘的。在後來那條再也沒有旁人的靜巷裡，品均突然牽起她的手。十年了，當他們從情侶又變成這樣的關係後，這是他第一次在大街上牽她的手。她知道他懂，懂得她這一路上的孤冷與心酸，她突然覺得安慰；但她馬上又想，若他一直是懂的，又怎麼會忍心讓她再繼續這樣？

第二天返台的早班機，品均有一個早會要開，所以沒有送她。汪芳一個人到了機場，就在飛機起飛的那一刻，她的眼淚掉下來。讓她難過的從來都不是離別，而是永遠不知道下一次的重逢，什麼時候會來？她希望品均給她，又希望他什麼都不要給。這些年，她總是在他的匱乏裡堅強，然後又在他的給予裡軟弱，那是愛該有的樣子嗎？她的愛又是從何時開始變成這樣的？她想停，但是停不住，她在座位上淚如雨下，沒有人知道她正在哭，她哭得無聲無息，那是每一個小三都懂得的哭法。

照片提供｜SHU

　　那個晚上，她去了 Dcard 留言板，那是台灣最大的交流平台，她把自己的委屈全部匿名寫上去。然而，怎麼會有這麼笨的人呢？「小三」不就是最好罵的議題嗎？她看著下面的回覆區，看著自己引起公憤、成為眾矢之的，沒有同情、不必諒解，她咬著牙一則一則地看，在看到那則「小三就小三，哪還有那麼多話

可以說！」的留言時，她忍不住笑得連眼淚都一起掉下來。對啊！說得真對，所以會吵的小三，幾乎都在電視裡了，真實世界裡的小三，總是啞口無言的⋯⋯整個晚上，她看著那些迅速新增的指責，面對那些譏諷，她無話可說、也不想辯駁，她本來就不是來這裡辯論的，她就是要來這裡被罵的，越狠越好，越痛越好，那就是她要的⋯⋯因為只有如此，才能暫時麻痺她從上海帶回來的痛；只有專心對抗新的痛，才能讓她暫時忘記舊的痛。

「那妳找我說這個故事的目的是什麼呢？」我看著正在訴說的汪芳，沒說出口的是，心底突然冒出的疑問。

是希望我也可以唸唸妳，甚至出言犀利，再次用痛覆蓋痛？是覺得我可以想出更好的理由來說服妳，離開這份感情？還是，妳也只是需要一個人聽妳說話，然後一轉身，就可以再繼續回到那個故事裡？

我明白妳的傷痛，妳在那場感情裡不是只為享受快樂的人；我明白妳的理直氣壯，妳沒有拿過他一毛錢，沒有收過他任何一份禮物；我更明白妳給自己的規定，妳在最脆弱的時候都沒有忘記要告訴自己，絕對不可以去破壞他的家庭。

所以我才沒有任何話可以給妳，因為我怎麼都想不明白，為什麼妳會讓自己一直留在這份這麼赤貧的關係裡？！

請相信我是真的如此努力，想把這個故事寫成一則動人的記事，可是最後我還是必須承認我的失敗。因為我感受到它的珍貴，卻感受不到它被珍惜；感受到它的勇敢，卻感受不到它的堅固；感受到所有妳的深刻，卻完全感受不到他曾經為哪一道深鑿的刻痕，出過任何一分力？我甚至連自己正在書寫的，究竟是不是一個真的愛情故事，都無法確定。

　　這世上大多數的小三都不是專業的，小三有多可惡，就有多可悲；有多少快樂，就有多少寂寞。妳願意承擔，願意吞下所有的辛苦，妳沒有要很多，妳要的就是一份普通的愛而已。

　　只是，親愛的，妳確定妳正在捍衛和堅持的，真的是「愛」嗎？真的愛會有那麼多的孤寂跟眼淚？會讓妳只能隱身在角落，越來越卑微？

　　即便妳是如此的無所畏懼與問心無愧，每一次當妳又為自己流下了感動的淚，他在哪裡？他做了什麼？還是妳自始至終都在一場沒有男主角的爛戲裡，從頭到尾感動的，都只是自己而已！

　　於是，每一個傷心欲絕的小三最後也只能紛紛退到的同一個地方，叫做「現在」。

　　妳不求名分與將來，只希望能保有五味雜陳的「現在」。只

可惜，感情永遠是「不進則退」的，現在不能給妳的人，將來也不會給妳的。一份沒有將來的感情，就一定是會慢慢褪色的。

　　他要的「現在」，叫做「快樂」。可是他的人生還有未來，他會在未來裡追尋各種快樂，當妳不再新鮮和刺激，妳也就將成為他的過去；而妳想要的「現在」，叫做「幸福」，妳以為這場痛苦最後有可能苦盡甘來，但事實是絕大多數的「小三」都不只白白吃苦，最後還會耽誤掉自己真正該有的幸福。

　　「他給妳的，跟妳在現任男友身上得到的，都不是完整的愛。最後，就是兩頭空。」我對汪芳說。
　　「前陣子，男朋友突然跟我聊到『結婚』這個話題，不知道是不是想結婚了？」她突然跟我說。
　　「然後呢？婚後再繼續這樣下去，讓狀況更複雜？」我問。

　　汪芳沒回答我，用叉子翻著盤子裡的三明治，只是翻著，卻沒有要吃的意思。「這十年來，我一路追趕著他的步伐，好多事情都受到他的影響，譬如吃飽了，就不要再吃了，也是跟他學的。」她突然抬起頭，笑著對我說。

　　我突然想，這些年她一直以為從品均身上學到的上進，其實不就是每個在人生裡努力的女孩都會做的事情嗎？她最應該從他身上學卻始終沒有學會的，是「自私」。她如果學到任何一點點，

願意多替自己想一點點，現在的日子就會好過很多。

品均影響她的，不只飲食，還有運動。她為了讓品均繼續喜歡她，為了排遣品均不在身邊的時光，她瘋狂投入運動，最近才剛去跑完「半馬」。

比賽那天清早，男朋友騎車載她去出發點，然後再騎車去終點線等她。要完成長達二十一公里的「半馬」跑程，需要極大的意志力。她在烈日下所有動力的來源就是想著品均，品均一定是喜歡她這樣陽光正面的樣子，才會一直約她。當她終於跑到終點，在那裡等著她的，卻是另外一個「他」，那個已經在高溫下等了兩個多小時的「他」。

「他今天要去上海了，因為新冠肺炎疫情，要半年後才會再回來。」汪芳看著我，繼續說：「昨天我們一起去爬山，算是給他送行。那條山路真的好陡，他一個人走在我前面，終於到頂了。為了避嫌，他也是自己就先上去了。突然有個好心的陌生山友，問需不需要拉我一把？我才發現，原來連一個陌生人都可以比他給我更多……」

「一登頂，我『哇』的一聲喊出來，視野真的很美！我馬上用手機自拍一張，偷偷地把身後的他也拍進來了！這些年，他總是藏得那麼好，連一杯我放在他車上的飲料，下車都不會忘記叫

我要帶著喝。十年了！這才是我們第二次『同框』。」她說。

　　第一次，那年她才二十歲，她才剛認識他，品均出席了她們同學的聚會，照片裡的汪芳笑得那麼純真又燦爛。

　　第二次，她三十歲，她在這十年的青春裡，為他流過多少眼淚，連「同框」都要心酸地偷拍才能完成。

　　而事實是，這十年來，他們從來都不曾真的「同框」，她從來都不曾出現在品均生命的藍圖裡。而她一直以為他們珍貴的「一起走過」，其實他只是走他自己的，若不是她的苦苦追隨，也應該早就被人海沖散了。

　　沒有歸期，也從來不曾承諾，這不是「兩個人」的故事，這一直是個「一個人」的故事，在明明應該有兩個人的劇本裡，只能做一個人的獨白演出，這是我所聽過最寂寞的故事。

　　每一個寂寞的故事，裡面都一定有「強求」和「將就」。那就是強求一份妳早就知道不會幸福的感情，和硬要在一份不是幸福的感情裡假裝幸福。

　　每一個小三，都有一個最寂寞的故事。每個故事的開始，都有一個刻意被忽略的問題。那個當時汪芳想問，卻一直沒問的問

題，她其實應該問的：

「你找我做什麼？」

然後聽聽看那個答案有多麼的自私跟破綻百出。

在我書寫這篇文章的此刻，這個故事應該都還在進行。直到現在我都還在想，自己能夠做什麼呢？

我除了在每一個她當時的心境下，加入了推翻的觀點，我還能做什麼呢？

告訴她，告訴所有寫信給我的小三們，妳們並不是真的無怨無悔，不要等到真的輸得孑然一身，才開始怨悔。這世界那個「獨一無二」的人，也永遠不會是別人，而是「妳」，因為那才是妳獨一無二的人生。妳要在自己的人生裡，做主角而不是永遠的附屬，而我們可以把人生拿回來最好的機會，就是在每一次傷心跟跌倒的時候。所以錯了也沒有關係，不是錯了就只能一直錯，錯了只要再回來，前方一樣會是真正的幸福。

幸福，也許並不容易，但起碼是走在正大光明的方向。

幸福，其實也很簡單，讓努力跟願景「同框」；讓快樂跟幸

福「同框」；讓妳愛的人跟愛妳的人，一直在生命裡「同框」，
那才是真正的幸福。

照片提供｜SHU

Chapter 4

用傷心的
一陣子,
換後來
幸福的一輩子

妳會努力往前走，妳接受這一切的過程。
妳不再怪他，也不再怪自己。
因為怪他只會把妳一直留在原地，
而怪自己也不會改變這一切的發生。

妳開始明白，也許這就是人長大的過程。
順利，只會讓人的身體長大；
只有挫折，才會讓心長大。
長大的心，才會吸引另一顆長大的心；
兩顆走過的心，會更懂得相遇的可貴和珍惜。

用傷心的一陣子，換後來幸福的一輩子。
妳不再覺得自己是受害者，
每個傷痕，都是上天的輕吻、進化的註記。
妳不是正在復元，
妳是正在長大，正在進化，正在走向幸福。

—— vol.1 ——

一個早晚都要離開你的人，
還不如趁早就分開

「角子，我是你新加坡的讀者，我在愛的路上，把整顆心獻給了對方，但我們最後還是分手了。我真的走不過去，我該做什麼才能挽回這段感情？」這封私訊特別引起我的注意，並不是因為它來自新加坡，而是他是一位男生，而且還是一位很有個性的鼓手。

他說他的正職是教打鼓的音樂老師，也是一個樂團的鼓手，而且就像許多樂團的鼓手那樣：長髮、雙臂刺青，甚至還有唇環。他說他們會分開最大的原因是女生的媽媽不喜歡他。

「認識我的人都知道，我的性格跟我的外表是完全相反的，我不抽菸、不喝酒，也絕對不在外面拈花惹草。在一起一年多，我盡全力照顧好她，帶她去吃好吃的、去她想去的地方。後來她希望我可以跟她一起付之前買的房子的分期付款，我也願意，因為那就是我們要一起努力的將來。」他把曾經為那份愛的努力

寫成了一封長長的訊息。

「後來因為新冠肺炎，政府要求我們不可以出門，於是我們只能用視訊聯繫，她就是在那時候迷上遊戲，然後在遊戲裡認識了一些男生，後來開始花更多的時間在遊戲裡。有一次我生病了，問她我們可不可以先視訊，然後我去睡覺，她再去玩遊戲，結果她拒絕我，說她想先玩遊戲。我沒說什麼，但我其實滿難過的。」他努力回想起她的改變，然後檢討是不是自己做錯了什麼？

「前陣子她突然說還是不想違背媽媽的心意，要跟我分手。我請她幫我約媽媽吃飯，讓她認識真實的我。我願意剪短頭髮、拿掉唇環，去醫院洗掉手臂的刺青，努力讓她媽媽可以接受我，她卻不願意安排。我不懂，為什麼她連嘗試都不願意？如果她不願意努力，又為什麼要跟我『在一起』一年多？」

我看著他的捨不得和不甘心，我很難告訴他為什麼。因為那就是「癡情」的人最難懂的，他們的「在一起」是一種「決心」，所以一旦決定了就會努力在一起；可是這世上還有更多人，他們的「在一起」只是一種隨興的「開始」，所以當然也可以隨興地結束。

所以，不要再糾結在思考對方離開的理由了。千百個可能離開的理由，都敵不過一顆想留下來的心。一個真正愛你的人，

是不管遇上什麼問題，都會留在你身邊的。而關於這份感情，也不是只要解決那幾個問題就可以，因為這份感情裡唯一真正的問題，就是他其實並沒有很愛你。

「愛並不稀奇，我們這一生都會遇上幾份愛，是願意『一起努力』的決心，才能把短暫的愛，走成長久的幸福。」我開始發訊息給他。

別把你珍貴的努力，浪費去挽留一個隨時都可以走的人；把你的努力，留給將來那個願意跟你一起努力的人，讓兩個努力的人，最後都得到真的幸福。

「謝謝你的鼓勵，我會努力往前走的，只是真的會有人想遇見我這種人嗎？」他問我。
「一定會，而且不必拿掉你的唇環，她會欣賞你本來的樣子。」我馬上回覆他。可不是嗎?! 一個願意這麼疼女朋友的男人，是多少女生夢寐以求的啊！

「謝謝，我會期待那一天！忘了跟你說，我叫 XX，你也可以叫我唇環男，比較好記，哈！下次去台灣，如果你有空，希望可以請你喝咖啡或吃一頓……」

我發給他一個笑臉，然後打開電腦。這世上的幸福，不過就

是兩顆「癡心」的相遇，可是為什麼幸福還是如此珍稀？那應該是因為「癡心」總是逗留了太多時間在原地，忘記只有出發，才能遇見另一顆「癡心」。所以我才要趕緊把它寫出來，寫出這個如此簡單卻經常被忘記的道理：

　　一個早晚都要離開你的人，還不如趁早就分開。

旁人看起來簡單的每一步，
都是妳心中的千言萬語

妳知道這是故事的最後一段，
也是妳必須自己走過的最後一段。
妳沒有想要靠誰，
妳知道，答案妳得自己找。

妳還在努力走，
旁人看起來簡單的每一步，
都是妳心中的千言萬語。
妳不會讓自己白忙一場，
妳已經答應自己，
絕對不會因為他而回頭。
因為妳知道他的召喚，
並不是要讓妳吃甜，
而是要讓妳再吃第二次苦。

再回頭，很珍貴。
妳會把「再回頭」的機會留給自己。
那是多年後當妳再次回頭，
妳會發自肺腑地感謝：
謝謝那些在過程中陪伴過妳的朋友，
謝謝自己的努力和堅持，
妳沒有耽誤自己，沒有誤入歧途，
所以後來才能擁有真正的幸福。

要兩個人都會捨不得的感情，
才是真的「幸福」

　　每次在社群平台的直播結束後，我都會收到許多參與直播的網友們的私訊，它們像一群信鴿那樣降落在訊息區裡，每一封信都在發出自己的聲音：

　　「角子，我覺得我們的狀況，應該跟剛剛直播說的不太一樣，因為他真的對我很好，還記得有一次……」、「角子，他應該是愛我的，要不然他那時怎麼會說……」、「真的不能再努力看看嗎？如果真的愛過，又怎麼可能說散就散呢?!」……我打開那些訊息，每一則訊息，都存在著一個堅定的理由，都是一個「未完待續」的故事。

　　那就是每個重感情的人，都可能有過的遭遇——他走了，可是妳還留在那個故事裡。妳不是妄想，妳是真的擁有那些證據；妳在他走後的日子裡反覆檢視那些「曾經」，妳真的好捨不得，而妳最無法理解的是，為什麼當時那個曾經跟妳那麼接近的人，

後來竟然可以失聯得這麼徹底？

　　那是妳的深情，但那也是用情越深的人，經常越容易有的「粗心大意」。那些我們捨不得的「曾經」，總是被我們定格在那幾個最美好的畫面。妳忘記去檢視的是，那些你們後來爭吵的過程，你們雞同鴨講的畫面 —— 那也是你們的「曾經」。而且事實更可能是，因為後來的這些「曾經」，而耗損了之前的那些「曾經」；因為後來的這些「曾經」，更證明了你們擁有過的那些「曾經」，其實是誤會一場。

　　他也許騙了妳，甚至還毀棄承諾，如果每一份感情都可以有這麼絕對的劇情，那愛情會簡單很多。事實是，大多數在當時給妳承諾的人，他們也許也曾經在那一刻真心，在那一刻也以為自己真的可以做到。他不是預謀，他跟妳幾乎是在後來的同時間裡學會：原來愛情裡的「片刻」並不等於「永恆」；原來兩個人要走在一起，憑藉的一直是「愛」而不是「承諾」。

　　他傷害了妳，甚至對不起妳，他絕對有他的可惡。但也可能，他只是不想再繼續耽誤彼此，他很自私，但可以成立，因為他也有自己想要的幸福，可以去爭取。

　　於是我們也才漸漸學會了，並不是所有人生的陪伴，都叫做愛，它們也可能是因為際遇和寂寞。所以，才會有那麼多曾經相

愛的人，後來會因為了解而分開；而那經常也只是一個暫時的悲劇，它們日後大多也終將成為，兩個更清楚的人，後來各自去找到真正適合自己的幸福的故事。

在尋找真愛的旅程中，本來就充滿際遇，就像妳曾經進行過的旅行，並不是所有的行程，都一定會如妳所願。重點是不要讓那些際遇，錯亂了我們真正要去的方向。

妳要去的地方，叫做「幸福」。妳也許會在過程中因為曲折而稍作休息，卻絕對不會忘記妳真正要去的方向。那些曲折，都不是白費，是因為在路程中見過那些贗品，才讓我們知道了幸福真正該有的樣子；是因為那場遭遇，才讓我們更確定，一份妥協將就的感情，終究不會成為幸福。

等待的理由，有各式各樣，重新出發的理由，卻永遠只有一個：他不想再跟妳一起走下去了，就是那個故事唯一最真實的理由。

曾經，妳因為他而留下來，現在，妳會開始為自己去出發。因為妳已經明白：只有一個人的捨不得，叫做「回憶」；要兩個人都會捨不得的感情，才是真的「幸福」。

先把手空出來，
才能抓住後來真的幸福

困住人的經常不是那份感情，
而是後來的捨不得和不甘心。
妳希望他能給妳一個離開的理由，
其實是妳，又幫自己找了一個留下來的理由。
一個最後不想給妳幸福的人，
妳又何必期待他還能夠說到做到？

只有妳能真的對自己說到做到。
試過了，無愧於心了，就放手。
妳總會明白，所謂的「再試最後一次」，
後來幾乎都是最傷心的浪費。
要先把手空出來，才能抓住後來真的幸福。
要先努力離開，
才看得出原來自己已經在同一個圈圈裡兜了那麼久。

—— vol.5 ——

妳真正需要的原諒，
是妳要先原諒自己

他都已經離開，妳卻還在那場愛裡苦苦糾結著。

妳無法原諒自己，因為他說是妳太依賴，給他很大的壓力，所以最後才會承受不住而走開；妳覺得也可能是因為妳太任性，把他的愛視為理所當然，最後才會消磨掉他的愛。

「自責」的海嘯總是那樣無預警地襲向妳，妳最無法原諒的是自己的不夠細心，才會沒有發現他在過程裡透露出的那些跡象，全都是因為妳！才會搞砸了那份愛。

似乎總是如此，想走的人，就擁有留下理由的權利；而留下來的人，也只能照單全收。

我想請妳回想起你們剛認識的時候，那時的他對妳如此體貼，甚至好得如此不真實，妳被他拉進了那個童話般的世界，直

到妳完全交出了妳的信賴……其實，妳對他的「依賴」，是他一開始的邀請，是他一手寵出來的。

　　所以也才有了妳後來所謂的「任性」。妳的「任性」是妳在那份感情裡的無所掩飾，妳以為那就是他要的樣子，以為那就是他會喜歡的妳。如果妳真的有錯，那就是妳的單純，妳以為他對妳全心全意，卻其實還是有所隱藏。

　　他曾經對妳好，那沒有錯；妳接受了他的好，也沒有錯。也許你們都沒有錯，戀人們不一定是因為犯錯才會分開。這世界上大多數的分開，都是因為你們並不適合。如果你們適合，就不會有過程裡面的那些失誤，很多事情可以說得明白，就不會有後來的無法理解跟漸行漸遠。

　　這世界大多數的分開，也都不是因為單一事件，而是我們在那個時間點、在那件事情上才終於將「分手」說出口，而我們內心真正想說的話是「不愛了」，跟對方做錯哪件事或說錯哪句話都沒有關係。

　　不要自責自己可能在哪裡輕忽，更不要苛求自己還可以更努力，你們並不是沒有努力，而是在努力的過程裡發現，原來你們真的不適合。

不適合，從來都不是誰的「錯」。分開，是兩個不適合的人，所應該做的最「對」的事。

　　妳對自己的責怪，經常更可能的事實是，妳並不是真的犯錯，而是因為妳太愛他。因為妳比較愛他，就變成妳總是錯的；因為妳離不開，於是就成為了那個最後祈求原諒的人。可是愛不是請求，愛是不必妳開口，就會想跟妳在一起。愛是在乎，在乎妳的人，就一定會心疼妳的後悔。

　　這其實是一場合理的分開，你們在這場不適合的感情裡，其實都有了你們各自的學會，你們最大的學會就是愛的無法勉強跟假裝。所以他最後沒有資格原諒妳，而妳也無須得到他的原諒。

　　讓一個不能給妳幸福的人，徹底地從妳的人生走開。分開也許讓人遺憾，但卻絕不浪漫。一個已經決定往前走的人，就不會有修補過去的需要；而妳也應該讓過去真的成為過去，不必再見、不必再尋求原諒……

　　妳真正需要的原諒，是妳要先原諒自己。

妳為幸福努力過的每一步都算

不想一輩子傷心，
就用一陣子的眼淚，去離開那個人。
不想被現狀所困，
就付出一些代價，去測試世界的疆界。

妳總是會記得提醒自己，
妳為幸福努力過的每一步都算。
幸福並不是一大步的到達，
而是一小步、一小步走過的累積。

沒有人會幫助妳幸福，
幸福一直都是自己的事。
沒有人對妳的人生有責任，
能改變妳的人生的，只有妳自己。

皇冠雜誌
820 期 6 月號

愛與希望的躲藏 走進安妮的日記
出版七十五週年紀念專題

《安妮日記》被譽為改變世界最重要的書之一，一九四七年出版，旋即造成廣大的迴響，影響無數個國家、無數個世代，更促使大眾對人權與種族的關注與反思，今年，為《安妮日記》出版七十五週年，在動盪的疫年中與戰爭陰鬱的當下，我們該如何相信人性本善、我仍然深相信人性本善，御然不曾絕望！

在絕望的逆境中，永不放棄她的愛與希望。曾有一位少女，

走進密室／成長、戰亂、青春期
房憩真・鄭慧君・張亦絢・作者導讀
盛浩偉・伊格言・夏夏

密室解析／空間重現
密室簡介與指南・安妮的房間
走出密室之外／迴響、賽珍珠・佐得拉讀

延伸閱讀／影視
懶芊予・吳建恆・重返安妮之家・特別報導
・20 世紀重要大事紀

讀樂 HAPPY READING

2022.06

皇冠文化集團
www.crown.com.tw

家常好日子

韓良憶——著

因為常常想起、常常記住、常常珍惜，
每一天，是如此讓人捨不得錯過。

味覺佐以回憶，往事揉進書寫，
最美味的文字，在韓良憶的「食話」裡。

最好的日子，總是在家常裡。常在記憶的一隅。磨製著羅旺斯青醬時，南法的藍天、以及姊姊的身影；隨著香氣一同浮現心底。或在平凡的滋味裡，過年全家最愛的什香菜，變化萬千的豬肉與末菇餡......最平常的最難忘，味蕾都替她記得。或在大街與小巷、他鄉與故鄉之間，足跡遍關了她的家常。食多見多，自然有許多精采好說。她的「食話」，有時回望根原與鄉土，有時趣味得宛如一道創意佳餚。飲食與生活總是和在一塊，如此構成的每一日——因為家常，都是好日。

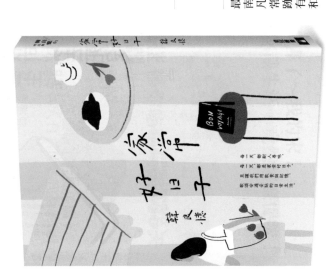

Chapter 5

妳一定要先懂得
離開不幸福,
才會遇見真的幸福

我們把在愛裡的時間，用來了解別人。
事實上，這世界大多數的感情，
都是為了幫助我們更了解自己。

幸福，不隨波逐流，
了解自己究竟需要的是一份什麼樣的感情？
感情，不必隨遇而安，
如果他不能給妳幸福，那一個人也沒有什麼不好。

對妳傷害最大的，也許並不是他，
而是妳對那份感情的想像。
他其實什麼都沒有給妳，
他的自私從一開始就昭然若揭，
一直是我們自己美化了那份感情。

離開一個不會讓妳成長的人，
離開一份永遠都沒有進度的愛情，
並不是失敗，而是妳終於完成的進化。
妳不是又回到原點，
妳是越來越清楚自己該去的方向。
妳一直走在幸福的路上，
而且越來越能感受到，掌握在自己手上的幸福。

別讓錯的人，
曲解了妳對「幸福」的定義

「角子，對對方太好，是不是反而會讓對方不珍惜？」、「是不是選擇『適合』的人，會比選『喜歡』的人好？」、「愛一個『愛我比較多』的人，是不是會比『我愛他比較多』的人，更容易幸福？」這是我經常在信箱或是直播的對話框裡，看見讀者提的問題。

這不是一個憑空杜撰的問題，那是一趟妳真實走過的路程。妳帶著對「愛」的想像出發，妳一定很喜歡他，否則也不會有後來的那些掙扎。妳不是發現了事實就走，妳是繼續留下來又吃了那麼多苦。終於妳還是離開了他的世界，妳在那趟旅程最後帶回來的不只是「傷心」，還有對愛的「失望」。

妳給過那份感情許多機會，那些妳最後為「愛」而下的結論，並不算武斷，都是妳在過程裡不斷地琢磨跟退讓的結果。妳唯一的「偏頗」，那是所有專情的人，都一定會有的「偏頗」。我們

總是會因為太喜歡一個人，而把他當成「整個世界」，卻忘了他其實也只是這世界人口的幾十億分之一而已。

就像是一場旅行，妳一定有過一場不怎麼樣的旅程，那場旅行再爛，都不可能讓妳下一個「從此不再旅行」的結論。妳不會使用簡單的「二分法」，不會作出那種「非黑即白」的結論，因為妳知道這個世界的美麗和可能，妳絕對不會因為一個爛地方，就放棄了對這個世界美好的探尋。

所以妳也不必因為遇見了一個「錯」的人，就放棄了去遇見「對」的愛的可能。在愛裡，妳不是只能將就地選擇「適合」或「喜歡」，不是只能選擇「他愛我多」或「我愛他多」，因為這裡面的任何一個單一的選項，都不會讓妳真的幸福。

幸福不是將就，幸福是一種「完整」。妳要的幸福，是又適合、又喜歡；是我愛他，而他也要很愛我；是我對他好，而他也一定會對我很好 —— 那才是「幸福」真正美好的樣子，那才是我們之所以那麼努力想要尋找幸福的原因，那才是當我們親眼目睹了幸福，會覺得感動的理由。

錯的不是「幸福」，錯的人是「他」，所以妳不必因為他而修改幸福的定義；真情真意的人是妳，不懂得珍惜的人是他，他也許可以暫時困住妳，但絕對阻止不了妳後來會遇見真的幸福。

也許此刻的妳會對愛失望，甚至懷疑自己無法再愛，其實妳並不是真的無法再愛，妳只是暫時需要休息。那就是在每一趟的旅行之後，我們都需要回到的平凡與安靜；那就是在每一場心力交瘁的愛之後，我們最珍貴的沉澱與學習。

　　會害怕愛，那很好，那意味著接下來的每一步妳都會更審慎考慮；會覺得無法再愛，那是因為妳遇見的人都還不夠好。那就先一個人好好生活，等那個夠好的人出現，再用行動告訴妳什麼才是真正的「愛」。

　　妳知道世界很美，這一生妳都會持續對世界美麗的探索。妳也許會偶爾感到挫折，但妳絕對不會放棄。那些曾經讓妳覺得挫折的人與事，都只會讓妳更清楚自己真正該去的方向。沒有人可以阻止，沒有人可以左右，妳正在朝向幸福前去。

――― vol.2 ―――

別讓所有的體諒，
最後都變成在為難自己

妳在他的作為裡傷心，
後來又在他給的理由裡懷疑自己，
甚至，最後還自責自己是不是反應過度？

現在不能讓妳幸福的人，將來也不可能會。
真正的幸福，是一起面對，而不是繞過。
是立刻處理，而不是再給時間。
於是妳也該懂得訂出期限，
別讓所有的體諒，最後都變成在為難自己。
妳不要以為，是兩個人正在一起前進，
最後才發現，原來妳只是一個人，一直站在原點。

妳不必證明妳的卑微，
是他應該要懂得妳的珍貴

「妳真好！」當妳第一次聽見他這麼說，跟以往聽過的讚美截然不同，妳不是只有開心而已，妳還預見了許多那份感情接下來的樣子。

那應該是最有用的鼓勵。當我們被喜歡的人讚美，我們就會越想對對方好，想看見對方因為妳而幸福，想看見他看著妳，笑得很滿足的樣子。

妳願意為愛付出，相信「要怎麼收穫，先那麼栽」的道理。妳並不愛計較，妳是真的在那份感情裡持續地感覺孤單，才開始意識到：妳一直是那份感情裡唯一在耕耘的人。而妳辛苦耕耘的並不是兩個人的幸福，妳是犧牲了自己的快樂，去滿足他的快樂。

妳開始明白，原來那個讚美妳的人，並不是鼓勵妳一起努力的隊友，而是仲裁妳的裁判。原來那個「妳真好」的意思是「希

望妳繼續對我好」，而不是妳真的有多好。

　　妳應該在此時聰明地離開 —— 這是一個簡單的道理，卻不是一個容易的決定。因為妳捨不得那個滿足的笑容，因為妳放不下那場幸福的可能，因為妳告訴自己，妳只要再努力對他更好，那他應該就會知道妳的「好」了。

　　那是妳後來很辛苦的一段時光，妳很想無怨無悔，但是妳還是默默地流了很多眼淚；妳鼓勵自己往好處想，但殘忍的事實卻經常就擺在眼前。最後，妳不是只有失去他，妳還失去了自己；妳不只沒有贏得他的好，妳還開始懷疑是自己不夠好。

　　「一定是因為自己不夠好」，當那個念頭一旦出現在腦海裡，妳就再也無法擺脫它，它很快就變成所有問題的答案。失去一個人，也許傷心個幾年，最後還是會好；可是如果是因為自己不夠好，那就是妳一輩子都不值得真的幸福。

　　那並不合邏輯，在愛裡卻經常發生得合情合理 —— 我們不是只有傷心而已，我們還讓那個不能給我們幸福的人，決定了我們的好壞和對錯；我們不是只有輸到孑然一身而已，我們還讓那個早就走遠的人，繼續擋住我們前進的路。

　　妳覺得遺憾，因為妳希望還能夠有機會把自己的心意說得更

清楚，有好多妳為那份感情的努力，他都不知道。那就是每個留在原地的人，最後經常等不到的「真相大白」，我們最後往往是自己在時間裡看明白了，原來那個讓妳百口莫辯的人，並不是因為妳沒把話說清楚，而是因為他們根本就不在乎；那個讓妳覺得可惜的人，並不是因為妳做得不夠好，而是就算妳做得再好，他們也不懂得珍惜。

這一生，妳要證明的事情有許多，但絕對不包括向誰證明，妳值得他的愛。那些妳在愛裡單方的犧牲和付出，到最後也只能證明妳的卑微而已。

妳不必證明妳的卑微，是他應該要懂得妳的珍貴。在愛裡，妳無須向誰證明妳的價值，愛妳的，就會把妳當成無價之寶。

妳一定會再好起來，妳會為自己，為將來那個懂得珍惜的人，先好好照顧自己。

妳很好，對的人就一定會看到。愛經常是一時的「選擇」，但幸福卻絕對是「欣賞」，一個懂得欣賞妳的好的人，才能給妳真正的幸福。

妳對那份感情最好的緬懷，
是某天當他回頭，
發現妳竟然可以真的不在

妳沒想到妳後來可以跳這麼高。
那是多年後當妳回頭，
他依然是他，
可是妳已經變成更好的妳。
妳才真的明白，
原來妳對那份感情最好的對待，
就是徹底離開。
原來妳所能找到最正確的答案，
並不是苦苦追問他，
而是起身去尋找更好的自己。

原來妳對那份感情最好的緬懷，
並不是繼續犧牲付出，
而是某天當他回頭，
發現妳竟然可以真的不在。

Story 3.

金牌教練

　　從前的健身房設備比較簡單，去的人總是一個人安靜地運動；這幾年可能是因為需要，健身房的機器開始變得複雜，也開始出現大批的運動教練，推銷健身的課程。

　　「需要有人陪您運動嗎？」
　　「謝謝，不用喔！我只是想來流流汗而已！」每次我都會在滑步機上對著來跟我說 Hi 的教練這麼說。

　　我跟葉欣描述那個畫面，她就坐在我的對面。我很喜歡她推薦的這間餐廳，很適合也很像她，漂亮、乾淨，又有一點都會的文青感。

　　「我可以明白健身房教練努力推銷課程的原因，也覺得應該會有一些人需要，我比較不明白的是後來在健身房出現的那些按摩床，學員躺在上面，讓教練幫他們按摩肌肉，然後經常發出那

種討饒的呻吟、哀叫聲⋯⋯我每次經過心裡都忍不住會想：如果真的很痛，就不要再按了呀！」我說。

「妳在附近上班嗎？」我問葉欣，這才算是今天這場見面的正式開始吧！

「嗯，才剛到新公司一個月。」她回答。在這個台北新興的科技園區，出入的大多數都是年輕人，而且應該從事的都是新興產業。

「三年多前，你們在誠品敦南店認識？」我想起葉欣寫給我的信的內容。

「是啊！那時我在誠品書店附設的專櫃上班，他來找朋友時遇到我，回去後透過朋友跟我表示好感，我們就開始約會。」她說。

「他一開始就跟妳坦承過去，說他從前曾經有過『炮友』，在上一段感情裡還曾經『劈腿』？」我問，這也是她在信上提到過的。

「是啊！Peter 在交往的兩個星期後就跟我坦白，不只跟我坦承過去，還給我手機、臉書跟 IG 的密碼，說很想跟我安定下來。」她想了一下，繼續說：「而且他很快就帶我回家見父母，跟他媽媽一起在廚房的時候，她牽著我的手說兒子跟她講過，這次是真的想好好定下來了。」她回想著那個畫面，看起來感覺還是很溫暖。

「後來我見到了 Peter 最好的朋友，他跟我說，這幾年 Peter 變得很愛玩，是我把從前那個好男人找回來了！」她說。

所有人都說葉欣改變了 Peter，這個故事就是從這裡開始的。

第一年，他們很好，直到愛運動的 Peter 開始到健身房工作，成為一個健身教練。葉欣很替他高興，因為他很喜歡這份工作，他的業績越來越好，有許多客人找他，他逐漸成為全健身房業績最好的「金牌教練」。他每天手機訊息響不停，可能是約上課時間、問減肥知識，或是要介紹新客戶……「金牌健身教練」要服務的範圍越來越廣，不只一起運動，也開始會跟學員一起吃飯、喝酒，每當葉欣抱怨 Peter 跟學員出去的時候，他總是說那就是工作，要凝聚會員的感情才會一直有好業績啊！

吵得最兇的一次，是她發現他的手機來電顯示，竟然幫學員取親密的暱稱，她點開他的手機電話簿，在裡面看見了「小公主」、「女王」、「前女友」……那些刺眼的名字 —— 就是他在一對一的課程裡會叫她們的名字。

「吼，大家都知道我有女朋友了啊！」Peter 對著盛怒的葉欣說，「而且我只有『寶貝』這個封號是專屬於妳的喔！」他求饒地說。

葉欣明白健身房教練之間的競爭很激烈，業績壓力也很大，她不想扯 Peter 後腿，因為那就是他的興趣和正在發光的事業啊！於是她開始努力接受那一切，因為她想支持他，因為她真的很喜歡他。

　　「我可以看看他的照片嗎？」我突然問葉欣，她把手機相簿打開，然後遞給我。
　　「很帥耶！五官輪廓很深，像韓星。」我笑著說。
　　「而且他有一百八十公分，身材也練得很好。」她說，眼睛發著光。

　　葉欣在來信中寫，Peter 不只外表的條件好，性慾也很強。她不太明白，熱愛運動的 Peter，究竟是因為性慾強於是用運動發洩精力？還是因為運動會導致慾望更強大？無論原因是什麼，她都會盡量配合。女孩們很容易就會那樣認為：如果不能滿足對方，是不是對方就有理由出軌呢？

　　如果出軌是一種「單方」的行為，那 Peter 不算出軌。當 Peter 第一次對她提出這個請求的時候，她驚訝得下巴幾乎都要掉下來！

　　「寶貝，我們來試試玩『換妻』好不好？」他對她說，不是單方要求，他是找她一起出軌。

葉欣不知道該怎麼想，她可以拒絕他，然後開始懷疑自己從此不能滿足他，開始懷疑自己不好，開始懷疑他許多行蹤不明的接下來；或者，她也可以答應他，起碼，接下來還是都兩個人「一起」的，一起探索，一起走進一個新的世界，她還是他生命裡最親密的人。

　　她終於還是答應他。

　　她沒想過台灣玩「換妻」的情侶們這麼多，那些跟著男人來的女人們，都是心甘情願的嗎？還是就像她一樣，感覺自己如果不走進來，就必須從他的世界離開？！

　　她跟 Peter 走進那間跟另外一對情侶約好的賓館，Peter 一下子就放下她跟對方的妻子走了。不然呢，要依依不捨嗎？那不就是來這裡的人都應該了解的遊戲規則嗎？！葉欣跟著那個陌生男子進了房間，他人不壞，她不想說他很好，很好的人會玩換妻嗎？！但他的確還算紳士，他沒有勉強她，他們算是草草結束。最後他忍不住問葉欣：「妳不是真心想來的，對嗎？」一直臭著臉的葉欣對他點點頭。「這樣啊，那這應該不適合妳，以後還是不要勉強自己好了！」他笑著說，就像跟一個膝蓋不好的人建議「那你以後還是不要跑步比較好」那般自然、純良，完全不像這個活動裡會出現的對白。

後來，他們開始會為了要不要繼續去參加「換妻」活動而吵。葉欣開始明白，答應永遠只有一次或無限次。當妳勉強答應了一次，那之後的不肯再答應，就都是妳的錯了。

　　「那這樣好了，妳約妳的朋友來，我們一起做愛？」Peter說。葉欣看著他，有一秒鐘覺得他只是在開玩笑，可是下一秒她竟然覺得他是在說真的。

　　「你瘋了嗎？」葉欣看著 Peter，突然覺得也許真正瘋了的人，是她自己。
　　「我跟妳開玩笑的啦！」他突然笑著說，好像什麼都不曾發生。

　　可是為什麼葉欣覺得，這一年多來，發生了好多事情，Peter 不一樣了！他變成一個意氣風發的「金牌教練」，他做的一切，在他擁有的迷人條件下都似乎合情合理——或者說，在葉欣對他的愛之下都合情合理。她迷戀他，更害怕失去他，而且事實的確也都是如此，不管他怎麼玩，他每天晚上也都會回來睡覺，他還是她的男朋友，還是只屬於她的「金牌教練」。

　　「他還是最愛我的，不是嗎？不然，他為什麼還是一直在我身邊。」她說。
　　「因為妳的條件也很不錯啊！」我打斷葉欣的敘述。葉欣

真的滿美的，我認為甚至是目前整間餐廳裡最美的女生，那就是「愛」最美好也最可怕的地方——當妳愛上了對的人，妳會越來越強大；而當妳愛錯了人，就會越來越卑微。

「妳包容他，還會配合他，他也沒有因為妳這個女朋友而少玩，所以暫時不需要離開啊！」我說。

「後來，妳因為他的介紹換了工作？」我問。

「嗯，Peter 說他有一個學員是大老闆的特助，可以介紹我去老闆的招待所當服務生。」她說。

於是，她就在 Peter 的介紹下，辭去了原本在電子業朝九晚五的工作，去了那間大老闆的私人招待所上班，因為薪水是原來上班族收入的三倍；因為她覺得這份工作可以讓她跟 Peter 比較靠近，哪裡比較靠近她也不知道，起碼 Peter 每天「晚上」會來接她下班，而那個所謂「晚上」，通常也都是半夜三點了。

葉欣在那份工作裡看見很多，有許多從前她只在報章媒體上見過的老闆、名人們，真實地出現在那個招待所裡，做著那些她剛開始必須壓抑住自己的訝異，到後來也已經見怪不怪的事情……對她來說，這真的是一個全新的世界，而她沒有想到，其實這裡面改變最大的人是她，是因為她改變了，所以才能看見這個光怪陸離的世界。

Peter 一直跟她說，花同樣的工時，要這樣賺錢才會快。她漸漸明白，原來 Peter 除了運動，更有興趣的是經營人際關係。那些在授課之外的聚會，就是他認為可以賺快錢的管道，他覺得自己會因為這樣認識一些有錢人，只要抓住一兩條人脈、把握住隨時會出現的機會，就可以讓自己的人生從此截然不同。

　　對於他的說法，葉欣有些同意，她的月薪真的多很多，但她也有許多疑慮：這樣的工作會有前途嗎？除了錢，她究竟可以在這份工作裡學到什麼？每次當她又聽著 Peter 這麼說，她就會想起電影《寄生上流》，不知為何她在看那部電影的時候，竟然想起 Peter，甚至還想起自己。

　　「當我那天發現 Peter 的手機裡有『召妓』的對話訊息的時候，我竟然沒有太意外，也許是因為我也見多識廣了……我比較害怕的是得病，我開始擔心會被他傳染……」葉欣說。

　　她覺得 Peter 總是有事情在瞞她，對他的擔心越來越多，當感情不再有信任，對彼此都是折磨。他們爭吵的頻率越來越高，某次當 Peter 又再度行蹤不明，葉欣又開始找他。

　　「妳真的很煩，可不可以不要再一直管我?!」終於接手機的 Peter 對她吼出來！

情緒爆炸的葉欣跟他提分手，他馬上就答應了。

葉欣在分開後的那幾天一直想著，Peter 從前不是這樣的，他從前那麼好，不是只有她個人認為，是他媽媽、最好的朋友都親眼目睹的。Peter 曾經因為她，而做了那麼大的改變。

幾天後，Peter 打電話給她，說還是想她，於是他們又開始見面，維持著 Peter 口中所說的「沒有在一起」卻還是情侶的關係。

「我跟我爸媽說我們現在是『藕斷絲連』的關係，也許有一天，我們就又會復合啊！」Peter 這麼跟她說。

誠品敦南店要結束營業的那天晚上，他們約好一起去逛了一下。對 Peter 來說那是一個流行事件；對葉欣來說，那也是一個事件，那是他們的愛，最早開始的地方。

然後，他們開始牽手向前。一路上，葉欣要的一直是「愛」，可是 Peter 要的究竟是什麼呢？Peter 曾經為這份愛努力過嗎？還是真的就如同此刻葉欣所想的，也許他們最靠近、對未來真的有共同交集的時光，就是她在招待所工作的日子吧！她在誠品敦南店永遠熄燈的那一刻，突然有一種悲傷的感覺……如果可以，她很想分享她的悲傷，此刻他就在她的身旁，但她知道他永遠都

不會懂的，那就是她最大的悲傷。

　　那天 Peter 突然來公司等她，說要接她下班回家，葉欣在摩托車後座抱著他，如果可以不要想太多，也許就會一如當時初戀的感覺……

　　「妳有在等復合嗎？我們不可能會復合了，但妳今晚要不要住我家？我都特地來載妳了。」葉欣突然聽見他這麼說。

　　也許是那晚的明月和星光，讓她突然就看通透了；也許是愛裡再癡傻的人，也都應該在此刻看清楚了。葉欣跟他說她比較想回自己的家，她沒有麻煩 Peter，她請他在路邊讓她下車。

　　這一路上，她幾乎沒有拒絕過，但是她今天拒絕他，不過她想 Peter 應該也不會覺得可惜，因為他一定還有一百種以上可以找到性愛的方式。

　　葉欣一個人走在路上，她發現這種感覺並不陌生，在這份感情裡她大多數是「一個人」走的，每個在感情裡願意忍受「一個人」的人，都一定有一個她相信的理由。「我是真的想安定下來了」——她在月光裡不斷地想起這句話，想起 Peter 當時認真的臉，她突然笑出來，她終於懂了！原來一個在一開始就跟妳說想「安定」下來的人，他們的重點從來都不在「安定」，而是為了

美化他們之前的「荒唐」而已。

　　她錯信了他，相信自己可以改變他，她一直以為是自己改變了 Peter，後來才發現，其實是 Peter 改變了她。

　　那也是很多人在愛情裡的「相信」，相信自己只要努力付出，就一定可以「改變」對方，然後在最後才傷心地發現，原來我們唯一能夠在愛裡改變的人，就只有自己而已。

　　那就是葉欣對那份愛的付出，她為愛做了好多從來都不曾想過的事情，最後變成那個連自己都不再認識的人。

　　這次，葉欣是真的想清楚了，Peter 既然說曾經因為她而改變，那她就要好好地幫助他改變一次。

　　第二天一早，葉欣就在 IG 的限時動態裡公開了 Peter 所有不為人知的行為。

　　「他的反應是什麼？」我急著問。
　　「他要我刪掉，我不理他，最後他發訊息詛咒我被車撞死！我覺得這樣很好，總勝過一直拖著。」她最後這麼說。

　　我走進健身房，那是我跟葉欣道別後的下一個行程，我一如

往常走過長廊，走過那一張張按摩床，才聽到第一個哀叫聲就忍不住笑出來……

因為我剛剛才聽說了一個金牌教練的故事，而我是真心喜歡那個故事。

因為故事裡的人，不是只有離開了一個金牌教練，她也離開了那個她不喜歡的自己。

我知道她最後一定不會被車撞死，可是她最後一定會走出來。不是從一場傷痛走出來，而是正在走去她真正該有的幸福。

Chapter 6

一個人，
妳就先過得迷人而精采

從前妳總是迫不及待，希望盡快遇到一個人，
然後「一起」共度人生。
後來妳才明白，幸福除了「一起」，
也還要能夠「分享」。
總是願意聽妳說，願意從妳的角度去思考，
分享妳的快樂、難過，才是一個人生真正的伴。
從前妳以為幸福就是一起經歷。
現在妳已經明白，不只一起走過，
還要彼此能夠分享，才會幸福。

於是妳開始懂得慢慢尋找那個懂妳的人，
妳不再認為一個人就是孤單，
一個人妳就先過得迷人而精采，
等到終於確定那個伴，再把那些故事，
慢慢跟他分享，那就是人生最幸福的事。

先喜歡自己的人生，
再希冀去參與另一個人的人生

　　從小我們就被期待是一個乖小孩，我們努力得到爸媽、師長的讚美，我們很容易就習慣了那樣的模式，我們經常是因為別人的喜歡，而肯定自己。

　　直到妳遇見了一個很喜歡的人，他讚美過妳，那是那份感情最美好的時光，可是後來他也開始對妳提出批判，而且幾乎沒有給妳太多的機會，就離開了妳的生活。

　　那是妳後來很困頓的一段時光，是我們的生命裡最奇特的一場學習。我們經常是在一場傷心欲絕的情傷裡，才突然意識到自己是一個「獨自」的個體，獨自地行走、獨自地傷心，最後也才獨自地明白了，原來每個人都有他自己的路要走，而那條路，就叫做「人生」。

　　那是我們在那個終於拿回的人生裡，第一個深刻的學習：就

是妳再也不要把幸福的「決定權」放在別人的手上。妳在自己的人生裡的幸福與否，並不是取決於誰的喜歡，並不是誰覺得妳很好，妳就很好；誰收回了對妳的喜歡，妳就從此失去了幸福。

妳在自己的人生裡最重要的事情，就是妳一定要先喜歡自己。妳的喜歡，並不是天生的「自戀」，而是一種自我思考的「過程」。是妳在人生的每一次選擇裡，都越來越清楚，自己究竟想成為一個什麼樣的人？是妳在人生的每一次挫折裡，都會重新思考，妳真正需要的，是什麼樣的幸福？

從前，妳努力想得到別人的讚美，可是現在妳已經不會盲從，不會再因為別人的好惡而迷失了想去的方向。從前，妳總是先努力去符合對方的喜歡，現在如果妳遇見了一個喜歡的人，那他一定也要打從心底喜歡妳，一定是一場非你莫屬和非我莫屬的相遇，才值得妳用人生去相陪。

多年以後，在我們都不是小孩的年紀，那是我們又回到原點的重新學習。每個幸福的開始都永不嫌晚，每個幸福的追尋都是一場蹣跚學步，重點是妳不是靠別人，妳是靠自己，而且妳知道自己一定會越走越好。

妳會越來越喜歡自己的人生，每個遭遇都是我們最努力的走過；快樂是，眼淚也是，都是我們的人生裡最珍貴的過程和體會。

妳會一直堅持著那些「喜歡」，去讓那個懂得欣賞妳的人，輕易就看見；妳會一直珍惜著那些「喜歡」，在遇見那個人之前，先好好喜歡自己。

　　人生很長，生命的可能很多，可是不管前方將會發生什麼，一路上妳都會一直這麼相信：先努力，再求緣分。先喜歡自己的人生，再希冀去參與另一個人的人生。

妳知道妳最後一定會找到，
一個願意在風雨中等待妳的人

守候沒有錯，付出也沒有錯，
我們只是把對的感情，給了一個錯的人。
捨不得沒有錯，放不下沒有錯，
我們總是要等到對方真的走得很遠很遠了，
才真的學會把真心交託給不懂得珍惜的人，
是多麼地消耗自己。

他真的運氣很好，
才遇見了懂得欣賞他，跟懂得珍惜的妳。
妳還是會堅持妳的真心，
因為只有誠實，才會吸引誠實，
只有真心，才能找到另一顆真心。

他不會一直都那麼好運的。

他再不會遇見一個像妳這樣願意苦等著他的人；

可是妳知道妳最後一定會找到，

一個願意在風雨中等待妳的人。

重點不是壞人要得到報應，
而是好人一定要過得更好

「角子，我的前男友是因為『劈腿』離開我的，我到現在還是忍不住會去看他們的 IG 動態。我當初不認為他們會長久，可是都一年了，他們看起來還是很穩定，也經常在放閃。角子哥，是不是當花心的人遇見真愛，也會開始專一不劈腿了？是不是傷害別人的人，最後也可以得到幸福？我當時真的很愛他，我真的無法釋懷……」

我收過太多這樣的讀者來信，這說明愛的超不公平 —— 因為對不起那份愛的人是他，可是最後卻是妳，還被囚禁在「恨」的牢籠裡。

可是「恨」並不會糾結，是「恨」裡面還有「愛」，才會讓人混亂跟痛苦。為什麼妳還是會持續關注他？是因為妳希望他得到報應，因為那樣才有天理；還是，妳在期待他得到報應的日子裡，偶爾也會想，也許他不只會得到報應，還會後悔，最後再回

來找回這份愛。

　　妳知道那就是妳對愛的珍惜和念舊，所以妳才會一直捨不得真的走開。珍惜很好，所以才要開始更珍惜自己的感情，不再把它耗損在不值得的人身上；念舊也很好，只是也要記得提醒自己，不要只是一直回憶著他的「好」，也要記得他後來對妳的那些「壞」。

　　這些日子以來，妳已經可以接受你們也許真的並不適合，妳無法接受的是「欺騙」，是一個說過要好好待妳的人，最後卻用了一個比陌生人更無情的方式傷害妳。是一個曾經對妳提出「在一起」的邀請的人，最後卻連一個最基本禮貌的告別，都不肯給妳。

　　他可以有一百個理由，不實現他的承諾，可是我們卻不能不認清一個最基本的事實，那就是他絕對無法給妳幸福。當時離開的時候，不會；後來就算真的再回來，也只會帶給妳新的傷害。

　　好在，妳還在，妳終於用了還付得起的代價，認清了一個人。他如果不值得妳「愛」，那他一定也不值得妳「恨」，因為「恨」只會把妳留在原地，而妳此刻最重要的事情，就是出發去尋找真正的幸福。

他也許會遭受報應，會遇見另一個花心的人，會在幸福前功敗垂成……事實是，這世上大多數的報應，都不會發生得像電視或小說裡的那麼快，所以妳當然不必停留在這裡關注，不必浪費情緒和時間，因為那是他的報應，而不是妳的報應。

　　事實是，他就算得到了最大的報應，也不等於妳就已經幸福。

　　於是妳也應該開始往前走，妳的路一定會越走越寬，一定會看見更好的世界，一定會在那裡看見更好的人。

　　妳一定會更好的，而且完全與他無關。因為妳知道那才是老天爺的做法，而且很快就會在妳的身上發生：

　　重點不是壞人要得到報應，而是好人一定要過得更好。

妳的眼淚跟笑容都一樣珍貴、一樣閃耀，而絕不廉價

幸福不只是「曾經擁有」，
幸福更重要的是「珍惜」。
擁有過幸福的人很多，
只是後來兩個都願意珍惜的人，太少。

妳願意努力，為愛的人發光付出。
可是妳也會知道，
妳要照亮的是一份雙人努力的感情，
而不只是他的人生。

妳願意為愛耕耘。
幸福，是一朵兩個人一起呵護的花。
妳在，是因為他也一直在。

妳會記得，
妳是鑽石，妳是光，
照亮別人，也被照亮。
妳的眼淚跟笑容都一樣珍貴、一樣閃耀，而絕不廉價。

Chapter 7

他讓妳失去，
可是最後也讓妳
找回了，
更多的自己。

離開他的世界，一定會不一樣。
當妳覺得前面的路很難，
那就是整條路最困難的時刻，
接下來，都不可能再比此刻困難了。
會覺得難，
是因為妳終於起身，終於真心地認為，
此後，妳是得一個人走了。

妳一定會越走越好的，
因為想像出來的寂寞跟傷心，
永遠比真實複雜而巨大。
把他留下的空白，
都重新為自己寫上更好的意義。
沒有路，更自由，
不可能，才是幸福的全新可能。
親愛的，妳最後不會只是走出來而已，
妳是終會明白：
他讓妳迷路，可是最後也讓妳看清楚，
幸福真正該去的方向。
他讓妳失去，可是最後也讓妳找回了，
更多的自己。

—— vol.1 ——

妳總得去了不一樣的地方，
才能帶回來真的不一樣的自己

　　今天是除夕，美嘉一早就搭上返鄉的火車。那就是農曆年，農曆年要「團圓」，幾乎每個人都有一個要去的地方，去跟自己生命中最重要的人團聚。

　　也許是因為大多數的人都已經返鄉，除夕清晨的車廂並不擁擠，甚至，美嘉右手邊的位子還是空著的，那個她總是習慣向右傾就可以依靠的肩膀，今年不在了；那個每年都會陪她一起回老家團圓的志展，今年不在了。

　　他們分手九個月了，分手的理由，美嘉已經不想再多談。想走的人，總是輕易就可以說出一百個理由；而留下來的人，卻經常只要一個理由就已經足夠：為什麼我們不能再一起過回從前那些好日子？

　　妳不是跟他分離而已，那是妳跟自己都「失散」了的一段時

光。妳明明身在現在，心卻經常還留在那些美好的過去。每一件事情，妳都拿出來細細地想，每一次回想，都是跟現實殘酷的對照。那不是我們在當時的美好團圓裡，會分心去臆測的分離；那不是我們在人生的順境裡，會想過自己後來竟然會如此逆風，竟然會踏上的「不一樣的地方」。

在那個妳從來沒到過的地方，妳的感觸很多，我們經常在逆境裡問命運的是「為什麼是我？」，這個世界相愛的人這麼多，妳一直都那麼努力，可是為什麼到後來一場空的人，偏偏是妳?!

命運從來都不肯回答我們，於是我們只能咬緊牙根繼續往前走，那就是美嘉的「後來」，那就是每一個曾經到過那個地方的人的「後來」。我們經常懷疑自己不會好，但我們後來還是慢慢好了；我們覺得走出來的路真的好難，但經常也就在那些鼓勵自己多走幾步的日子裡，突然有一天抬頭又看見了天空的雲、又看見了牆角渺小又勇敢的小花，突然發現自己好像就真的走出來了。

於是我們才終於明白，命運從來都沒有想要特別針對妳。每個人的人生都有他的「逆境」和「順境」，當妳的「逆境」和別人的「順境」交集，妳難免會脆弱感傷，但也要相信妳還有漫漫的人生可以追求和嚮往，妳所憑藉最大的證據，就是妳也曾經在自己的順境裡意氣風發，而妳人生的順境也一定會再來。

每個人都有他的必須走過，也都有他生命的陰晴圓缺。妳終會了解，感情裡的「無常」，其實都是「經常」，因為驗證愛唯一的方式，就是「時間」。我們本來就需要時間，才能知道身邊的這個人，究竟是不是那個可以伴妳一生的人？

　　我們都希望自己更好，希望年年可以更成長。「成長」的方式有很多種，最辛苦的經常也讓人成長最多。傷妳最深的人，往往會讓妳學會最多；妳覺得至大的失去，到後來歲月也一定會連本帶利地還妳。

　　「命運」也並非真的沉默，它只是讓我們先靠自己浴火重生了，最後再鐵證如山地告訴我們：妳總得去了不一樣的地方，才能帶回來真的不一樣的自己！

　　美嘉看著窗外，她看著的並不是窗外的風景，而是玻璃窗上自己的倒影。她知道自己終於回來了，她不是只有回來，她還帶回來了那個不一樣的自己。

　　車廂的廣播說下一站就是 XX，那是她的家鄉，家裡有親愛的家人們正在等待著她。在那場聚會之前，她已經先完成了那場最美好的團聚，那就是每個努力前進的人，最後一定會完成的，「過去」跟「現在」的自己，最美好的團圓。

因為妳要找的，
是一個一生都可以陪妳一起流淚的人

親愛的，別為那個離開的人流眼淚，
因為妳要找的，
是一個一生都可以陪妳一起流淚的人。
別把他的離開當成生命重大的變化，
因為妳要找的，
是那個可以一輩子陪妳面對人生變化的人。

妳從來都沒有失去什麼，
妳在這場傷心裡看見的、
終於認清楚的幸福的方向，
才是這場感情留給妳最珍貴的事。

不懂得珍惜妳的感情，
就不是真的「愛」

「角子，我跟男友在一起五年了，我一直覺得我們的感情還算穩定，直到他那天突然跟我提分手，說對這份愛已經沒有感覺，我們的愛情就突然熄燈了……」

我邊讀著這位讀者的來信，心裡邊想著，如果是五天或五週的感情，是有可能像燭火般瞬間熄滅的。可是五年的愛，應該是「減光」吧！就像一顆逐漸衰弱的燈泡，慢慢地黯淡了……然而，身在其中的我們，真的渾然不覺嗎？一個從前願意對妳好的人，後來不再願意了，妳不會覺得奇怪嗎?!還是因為捨不得，於是讓我們對愛產生了「新視角」。

「我不斷地問自己，是不是感情到後來都會變成『習慣』，而不會再有那些愛的感覺？有沒有可能，是因為我們的愛已經從愛情昇華成更珍貴的『親情』，但是我們並不知道？」這就是她後來對這份感情又演化出的「新視角」。

這場演化，並不是一場「進化」，甚至，更像是一場「退化」。那不是妳第一次在那份感情裡退讓，那經常是妳已經退無可退了，才又衍生出的新視角。也許，妳還真的在那個新的視角裡得到力量了，妳願意努力調整心態，只要能把這份感情留下來。然而最後的事實卻經常是：妳也許可以暫時說服自己，但是妳說服不了他；妳也許可以勉強留住自己，但是妳最後還是留不住他。

　　「是不是，曾經再美好的愛，最後也會在現實的生活裡消失？」這是她最後在信裡的感嘆。

　　「妳一定在路上見過牽著手走路的老夫婦吧……」我開始回信給她。「那個牽手的畫面，經常讓我們又感動又羨慕，因為他們可以從年輕到老，都一直維持著這個『習慣』。而他們之所以可以一直保持這個習慣的原因，並不是因為它是一個『習慣』，而是因為他們對彼此的『愛』。」

　　是的，再浪漫的愛最後都必須進入生活，生活會消磨愛，可是也只有一起經歷過生活的愛，才會真的生根茁壯。那就是每一對攜手終老的伴侶，最後用那個畫面告訴我們的：愛不是因為成為「習慣」，於是消失。是那個不願意跟妳一起在生活裡前進的「習慣」，才會讓愛逐漸褪色。

　　我們真正應該在一份愛裡完成的「進化」，並不是一個單方

妥協後的視角，而是兩個人一起對愛更堅定的體會。那就是我們在那些牽手到老的伴侶們身上看見的：當愛成為了生活裡的「習慣」，那他應該要對妳更加依賴，而不是忽略；當愛情昇華成「親情」，那他應該對妳更有責任，而不是無感。

越來越少的愛，並不是「昇華」，而是不愛了！一份沒有再繼續一起前進的感情，最後就是散了。

於是，妳不再委屈自己，也不再繼續扭曲自己的價值觀。在見過那個動人的畫面之後，妳知道那絕對不只是一個傳說，妳還有一生可以去努力，去找到那雙真心想牽妳一輩子的手，去找到那個把「愛妳」當成終生最美好的「習慣」的人。

愛會轉化，但讓它轉化的原因，一定都是因為「愛」；判斷愛的標準，一直也都只有一種：不懂得珍惜妳的感情，就不是真的「愛」。

也許妳自作多情，
但起碼妳無怨無悔

妳念舊、妳重情，
妳深深記得他曾經對妳的好，
所以，才會又在那份感情裡等了那麼久。
後來，妳才明白，
也許他對每一個人都很好。
也許那些妳深深珍惜的，對他來說，並不是特例。

妳還是感謝他，
曾經在妳生命需要的時刻，給過妳肩膀。
妳也會開始調整自己，讓妳的感謝，就單純只是感謝。
妳會記得他，那個當時溫暖的他。
至於後來的他，妳會努力忘記，
因為他已經走上他自己想走的路。
妳知道也許那就叫做「自作多情」，
但那也是妳的感謝、喜歡，還有勇敢。

妳試過，也盡力了。

妳知道他應該不會再想起，否則他不會一直往前。

以後妳也要開始向前，妳會永遠把它放在記憶裡。

那是多年後當妳又想起，

想起妳曾經在那一份感情裡的熱情和勇敢，

而妳終於也可以驕傲地告訴自己：

也許妳自作多情，但起碼妳無怨無悔。

story 4.

遇見

「我是高一的時候在管樂團遇見阿建的，我一看到他就很喜歡他，但是我們一直到高三時才開始交往，交往一年多的時間，感情一直都還滿穩定的⋯⋯直到我在系上練習吹長笛的時候突然昏倒，一切就開始不一樣了！」

我打開信箱，打開上一本書的徵文活動信件匣，真的發現了這封信——正如這次又參加徵文活動的讀者所說的，她在去年上一屆的徵文活動時就曾經寫信給我。

可是去年我並沒有採用這個故事。

「因為我只有感受到悲傷。」對著此刻就坐在我面前的女主角，我在一年後誠實地說出了理由。那也是大多數的故事，後來我沒有寫進書裡的理由。因為這不是一場悲傷大賽，我們坐在這裡，並不是為了比較悲傷，我們是一起分享悲傷，更希望的是分

享大家此刻正在努力著的方向。在我的書裡，沒有杜撰的人生，都是真實的故事，而我也只是一個說故事的人而已。

但是我同意她的悲傷，換作是自己，應該也會是那樣的。

一個從小到大幾乎沒生過病的女孩，一次昏倒醒來，就被判定有罕見疾病，而且必須盡快進行腦部血管手術，不然隨時都會有腦溢血的危險。

這也才終於真相大白，為什麼小瑜從小就會習慣性頭痛，而且在大學進入音樂系，每次吹完主修的長笛後頭都會疼得更嚴重，原來是因為腦血管出了問題。精密的腦部手術必須間隔三個月，分成左右兩邊進行。每當醫生跟她說要如何將她的腦血管重新跟哪裡的血管接上的時候，她都無法專心聽，她只想哭，哭著就要理掉一頭長髮、哭著也許一進手術房就會從此癱瘓一輩子……

在小瑜剛動完第一次手術，還住在加護病房的時候，從小最照顧她的外婆，也突然因惡性腫瘤住進加護病房。後來，小瑜終於順利離開加護病房，可是那個在開刀前還握著小瑜的手、鼓勵她要加油的外婆，卻在加護病房永遠地離開了她。

頂著有條蜈蚣疤痕的大光頭，復健的路又難又遠，再加上外

婆的離開⋯⋯那陣子的小瑜簡直就是一個負能量的超級聚合體，她無法控制自己的心情，情緒就像一台失控的卡車⋯⋯而阿建就是那個經常被她衝撞的人。

「我會覺得自己很醜，覺得自己在拖累他。」小瑜說，那時的她，不只光頭、不只生病，還因為用飲食發洩壓力，在幾個月內就胖了十公斤。

小瑜跟阿建提過幾次「分手」，尤其是在每次又覺得沮喪、憤怒的時候。每次說完，她就後悔了。

「其實我也只是想知道，他會不會真的就不要我了？」小瑜說。
「我媽媽沒有很喜歡阿建，也許天下的媽媽選女婿的標準都比女兒高吧！她一直覺得阿建做得不夠多。」小瑜接著說。

但是小瑜覺得很夠了，她變得又胖、又光頭，阿建都沒有離開她。阿建下課後還要去打工，下班後趕緊從桃園搭客運到台北的醫院看她，然後再搭最後一班車回桃園。雖然不是每天，就算一週一次，她也覺得很夠了！

畢竟，阿建也才十九歲而已。在他們十九歲的年紀裡，願意為愛承擔起這樣的責任，她真的覺得很夠了。

即便小瑜是這麼想的，但最後阿建還是離開了。阿建說那個「愛」的感覺消失了——小瑜懂，是被她磨光的。

　　那個最早說「分手」的人，竟然也是最後想挽留的人。小瑜哭著求他，然後終於發現自己的眼淚已經不再具有任何效用。

　　那是她接下來很苦、很長的一段時光，阿建都離開快兩年了，她卻還停留在那個故事裡，她就是在去年寫信告訴我這個故事的。

　　一年後，這個故事在第二封信裡又有了後續。

　　「角子，這是我寫給你的第二封信，我曾經在去年徵故事的時候寫過信給你……」

　　阿建沒有寂寞太久，離開後，他很快就交了新的女朋友。

　　他可以，他那麼迷人，最重要的是，他才十九歲而已，十九歲的跌倒跟爬起來，都是很快的。

　　小瑜覺得也許自己才是特例，她還是會想他。可是她從來沒有打擾過他們，連知道這些事情，都是彼此共同的朋友告訴她的。她從來不會自己去看他的 IG，她不想留下任何紀錄，造成他的困

擾。每當朋友跟她說阿建的近況的時候，她雖然看起來不在意，但每一句都聽得好仔細，她承認，自己還是很喜歡他。

在分開後的兩年半裡，她的日子並不好過，她慢慢地靠運動復健，讓腦袋想說的話，終於可以準確地用嘴巴說出來；她的頭髮慢慢地長出來，她在那一公厘、一公厘緩慢的時光裡，成功減掉了十公斤，讓自己變回來當時念音樂系的那個長髮、高䠷的氣質女孩。

她沒察覺到的，那也是每個努力把失去的東西拿回來的人，很容易就忽略掉的：對於努力的人，上天從來都不會讓妳只是失而復得而已，祂一定還會多給妳更多的東西。

那就是那兩年半中小瑜「一個人」過的日子，她一個人讀過的書、一個人走過的地方、一個人的咀嚼與沉澱、她後來一個人去探索的更大的世界。她以為自己只是在復元，並不知道自己也正在變得強大，她把那些成長的心情陸續記錄在 IG 上，收到很多朋友的讚美與鼓勵，直到那天阿建的訊息出現在 IG 的收信匣裡：

「妳看起來很棒！」阿建給了她一個笑臉。

「我是非常確定他已經跟女朋友分手的情況下，才答應他一

起出去吃飯的。而且我跟他說我自己去餐廳就好了，因為我覺得，只有女朋友才會需要男朋友來接，我們只是普通朋友。但他很堅持，而且真的順路，我才答應他。」小瑜對我說。

那天小瑜到了樓下，看見阿建在一樓等她，他甚至還幫她把車門打開。她覺得阿建變紳士了，好像也長大了一點，雖然，是別的女人教的。

一上車，他們開始聊天——那是幾週後阿建才跟她透露的——他沒想到這兩年小瑜竟然成長這麼多，她不是只有變漂亮而已，她變得幽默、有見識……就在這個時候阿建的手機響起來，在安靜的車廂裡，小瑜不想聽見卻還是聽見了那個女生高亢的聲音：

「當時會預訂機票是因為你的生日要一起出國玩，現在我們分手了，我覺得你不應該只有賠你自己的，而是應該要連我的機票錢也一起賠才對！」那個女生大聲地說。

小瑜看著窗外，裝作沒聽見。「辛苦了！」她在心底悄悄地對阿建說。

「謝謝妳這次又寫信來。」我對小瑜說。「但如果只有第二封信，我應該還是不會採用。」我笑著對她說。

我在第一封信看見的並不是不離不棄的愛情，第二封信也不是走過萬水千山而來的復合。

　　「真正特別的，是妳。」我說。

　　是因為第一封信、第二封信的同時存在，我們才終於在這道時光的長軸裡，看見了一個女孩最美的改變。

　　那是一個女孩，終於不再求人，把努力都用在壯大自己，然後蛻變成功的故事。

　　這不是一個「愛情」故事，這是一個跟「成長」有關的故事。可是我在裡面還是讀到了最動人的愛，那是一個最美的、愛自己的故事。

　　是的，所有的「成長」都一樣。妳一定要先懂得愛自己，妳才會真的長大；所有的「愛情」也都一樣，妳一定得先好好愛自己，才會贏得別人真正的尊重與愛。

　　「你們現在怎麼樣？」我問。
　　「嗯，復合八個月了，目前都還不錯。」她笑著對我說。

照片提供 | 妤

我希望她好，一個努力的女孩，值得好。

也許，還值得更好。

但那又有什麼關係呢?!

畢竟他們也都才二十二歲而已。在二十二歲的年紀，勇敢愛著、努力著的，不管後來的結局是什麼，都會是他們這一生，最難得的回憶。

而她接下來也還有那麼長的人生，可以了解，生命難免會出現的事與願違；可以學會，每一次人生的跌跤，都是妳將來可以跳得更高的機會。

這不僅是一個美好的結局，卻更像是一個美麗的開始。那些妳揮淚揮汗終於啟動的生命齒輪，那場美麗人生的探索與追尋，一旦啟動了，就不會輕易地停止。小瑜不會只在這裡就停下來，就跟每一個正在努力前進的女孩們一樣，妳會更好，妳一定會擁有越來越好的人生。

因為在遇見更好的人之前，妳已經先遇見了，更好的自己。

Chapter 8

一個人，
你也要活得
晴空萬里

其實，
他給妳的寂寞比陪伴多，
傷心比快樂多。
妳終於明白，妳一直懷念的那份感情，
只是短暫的快樂，
並不是長久的幸福。

他沒有保護妳，
他就是妳的風雨。
他沒有溫暖妳，
他就是妳的烏雲。

終於，妳清空了那個心底的位置。
一個人，妳也要活得晴空萬里。
妳終於懂了，心底最好的位置，
不要浪費給過去，而是要留給未來。

妳不是遇不到那個人，
妳是正在成為那個人會喜歡的人

「角子，我依然願意勇敢，也會繼續向前，只是在經歷了那些感情的挫折之後，有時候也會忍不住懷疑：『我真的會遇見，屬於我的那個人嗎？』」

這位讀者的疑問，並不讓人陌生，因為那也很可能是妳的，起碼也是我自己在追尋幸福的路上，曾經浮現在心底的疑惑。

尤其是又跟一對看起來很好的情侶擦肩而過的時候；尤其是在某個不經意的時刻，突然撞見了一個人，看起來很像他的時候……妳看起來很平靜，妳已經走出那份傷心。妳並不是還在想念他，妳是突然想念起「愛情」；妳不是還沒有看清楚，妳已經知道他不是妳的幸福，妳不知道的是自己究竟還有沒有可能，會遇見真的幸福？

妳不想否定過去，妳只是覺得「可惜」。那個曾經跟妳交會

的人，你們後來沒有再見過面。他說的那句「再見」，原來是「再也不見」，妳知道他一定執行得很徹底，不只是在真實生活裡，而是連在心底也不曾再想起——那才是妳真正覺得的「可惜」，可惜自己竟然還會想起，可惜自己竟然曾經把青春消耗在那裡。

那是我們在那場傷心之後的終於承認：妳真的沒有愛的天分，妳唯一會的，是「誠懇」，是一旦愛上了一個人，就會拿出真心去交換。比起他的收放自如，妳不是感情的資優生，妳唯一做得到的，是「全心全意」，是一旦決定要在一起了，就不會輕易說分開。

如果我們真的學不會對愛假裝，每次給出去的感情含金量都如此純粹，那讓我們在每一次要交出真心之前，都先努力看得更清楚；如果我們在感情裡，總是最後比較受傷的那一方，那就更不要只依賴衝動，而是在更確定他對妳的在乎之後，再作出那個在一起的決定。

妳不必那麼勇敢，這個世界的幸福大多數不是因為「勇敢」而獲得；相反地，妳應該要更謹慎。妳再也不要用一場苦等，來證明妳對愛的真誠。為一個不懂得珍惜妳的人付出，絕對不是高貴的犧牲，而是浪費。

在歷經過那些挫折之後，在跟那些只想跟妳快樂一時的人說

了再見之後，妳更確定自己要的不只是快樂，而是一場可以相守一生的幸福。所以，妳可以等，妳再也不要倉卒和將就。

妳知道這世界沒有人可以告訴妳「幸福」真正的方向，也無法準確地預測出那個人會出現的時間，那其實很好，因為這也意味著幸福是隨時、隨地都有可能發生。

所以，妳會努力，先把自己活成自己最想成為的模樣。因為妳知道將來會珍惜妳的那個人，絕對不是因為命中注定，而是因為妳的自信和精采。

妳會勇敢走過，每一個生命裡的「發生」，讓那些「發生」，自然而然地豐富妳的人生。前方也許還有挫折，但妳再也不會被那些挫折真的阻礙，妳會大步向前，因為妳一直很確定地知道：妳不是遇不到那個人，妳是正在成為那個人會喜歡的人。

在下一次月圓的月光下，
妳將看見更好的自己

妳終於明白，
跟妳的表現無關，
有些人，就是一直走著同樣的路，
持續說著同樣的謊，在同樣的困難處退卻，
最後再同樣地，傷害另一個人。

妳不想再為他努力了，
不再以為，自己會是那個最後可以改變他的人。
妳不會讓自己再一直停在這裡，
妳知道妳跟他不一樣，
對於愛，
妳真的比他真心，也比他勇敢。

所以妳才更應該要繞過他，
因為妳值得一份更長久的感情和對待。

妳知道接下來一個人的路，也許會暫時孤寂，
可是妳已經知道自己要去的方向。
妳知道，在下一次月圓的月光下，
妳看見的將不再是缺憾，
而是後來更好的自己。

親愛的，
其實妳從不孤單

　　妳已經不再說出來妳的傷心，妳不想再麻煩朋友，那已經不是一個新鮮的話題。妳把它深藏在心底，幾乎沒有人看得出來，妳一個人的傷心。

　　妳經常在那些「一個人」的時空裡覺得茫然，明明是已經努力走到了這裡，卻經常發現自己的心，還在某個時空的那裡。從前，妳也曾經一個人，一個人去做過許多事情，妳從沒想過原來生命還會有像這樣「一個人」的時刻，沒有預期、沒有目的地，最讓人脆弱的是，不知道什麼時候才會結束？

　　又勇敢又虛弱、又堅定又懷疑 —— 我大多數的書寫，就是針對這樣的時期的「一個人」。因為自己也曾經那樣的「一個人」，我把這樣的體會和終於走過的心情彙集成書，希望每一本書都有它的旅程，都有一個它跟主人的故事。卻從沒想過，它還會有一個這樣的故事 —— 那天當我打開手機，看見一位讀者的訊息，連

同一張她拍的照片，出現在臉書的收信匣裡。

「角子哥，我今天在圖書館借了你的書，一打開，看到有一個人留在書裡的紙條，覺得好窩心喔！在這個 3C 時代，已經好少看到手寫紙條了。分享給角子哥，角子哥的讀者都好溫暖……」訊息如此寫著。

我繼續點開附件的照片，看見那張貼在我的書上的紙條，上面用鋼珠筆寫著：

「嘿，陌生人，我不知道你（妳）是因為什麼原因而看這本書，有可能是因為失戀，有可能是因為……或者跟我一樣是因為最近諸事不順。我只是想告訴你（妳），沒有人的結局會是 sad ending，如果是，那只是因為結局還未到。所以別灰心，好好生活、好好吃飯、好好睡覺、好好珍惜身邊的人，讓自己變得更好！一起加油，好嗎？」

是的，這是一個「一個人」留在這裡，要給另一個「一個人」的鼓勵。我看著她端正的字跡，我知道那是她的真心；那些用修正帶又調整過的字句，那是她的真意——我知道她的真誠絕對不會只展現在這裡，一定也曾經展現在那份感情裡。

都是真心的人，才會都傷得如此深刻；都是用情至深的人，

才會無須自介，就徹底收到了對方溫暖的心意。

　　跟我的書無關，它只是一個傳遞緣分的載體；跟我的文字無關，真正賦予妳們勇氣的人，一直都是妳們自己。

　　是妳在生命中這些艱難的「一個人」的時刻，還是選擇善良，將自己掌心的溫暖，傳遞給另外一個還在努力中的「一個人」。

　　於是，妳便不再只有「一個人」的勇敢，妳在給出勇敢的時候，就匯聚了更多一個人的勇敢；妳不是只擁有對自己「一個人」的祝福，妳是在獻出祝福的時候，就得到了上天更多的祝福。

　　我們一定都還在「愛」的領地裡，所以上天才會讓我們親眼目睹了這個故事，看見一份力量的傳承、一份勇敢的接續，更重要的是，叮嚀著所有還在為了幸福而努力的人們，不要忘記對愛的相信。

　　有一天當妳走過，當妳成為真正自在的「一個人」，妳會記得在過程中，感受到了別人溫暖的善意，從此也成為一個願意傳遞溫暖的人。

　　人生很長，沒有人會永遠順遂。更重要的是請記得，當我們又再度面臨生命中那些艱難的「一個人」的時刻，即便身處在沒

有一點光芒的黑夜，妳胸中也有熒熒燭光；永遠堅信，只要願意
繼續向前，就一定可以再把困難的一個人，再走成自在的一個人。

　　因為妳看見過，也真的在路上感受過，在生命中那些困難的
「一個人」的時刻。

　　親愛的，其實妳從不孤單。

照片提供｜Mico

傷心是最真誠的走過，
疤痕是最勇敢的證明

每段感情，都是一個獨立的個體，
所以當它離開，也會在心上留下獨有的傷口。
任何傷口，都一定需要時間去復元，
為了忘記寂寞而急著投入下一份感情，
經常只會讓妳更寂寞。
妳不會假裝自己已經好了，
妳接受一份真摯的感情會留下的傷痕。

妳一定會完成這場壯行的，
傷心是最真誠的走過，
疤痕是最勇敢的證明。
妳永遠不會忘記自己愛的初衷：
妳不是為了忘記疼痛，才去尋找下一份愛，
妳是為了真的幸福，才去開始另外一種可能。

Story 5.

相信

　　媽媽葬禮結束後的第七天，我開始跟讀者見面，這是我為了寫這本新書而約見的第一位讀者。我承認我還沒有準備好心情，我把失去媽媽的悲傷埋得很深，我的思緒還有些混亂，我努力把今天的見面當作一個開始，一個展開人生下一個階段的開始。

　　小安在寄來的故事裡並沒有提到自己的工作，只在約時間的時候提到她今天早上八點下班。

　　「會不會很累？」我把咖啡遞給小安，現在是下午四點，我最後約這個時間，是希望她可以先補眠一下。
　　「不會，習慣了。」她回答我。
　　「我可以知道妳是做哪一行的嗎？」我問，看著坐在我對面的這個看起來很爽朗的女孩。
　　「護理師。」她自信地回答我。

護理師，這應該是我在過去七個多月裡所遇見過最多人的職業。我帶著媽媽從區域型醫院轉到教學級醫院，從門診、普通病房、化療病房、呼吸病房到最後幾度進出的加護病房，每一位護理師我都記得——不一定記得住她們的名字，可是我一定不會忘記的，是她們那雙自信堅定的眼神。

　　「『護理師』是我現在認為最偉大的職業。」我說，然後我看見小安的眼睛突然亮起來，「事情繁瑣、工作壓力大，還要經常熬夜上夜班，重點是，收入還跟醫生不成正比。」我繼續說。

　　可是，我覺得我所說的問題，對小安來說應該都不是問題。

　　小安是真心喜歡這份工作，從國中開始，她的志願就是當一名「護理師」，而且是第一線的醫護人員。她喜歡照顧臨床病人，病人的一個滿意的笑容、一個微小的進步，都會讓她充滿成就感。這幾年下來，連最讓人不堪的死亡，她也已經可以面對，她會告訴自己那是解脫，病人已經換到另一個地方去展開新的生活。她說自己唯一還做不到的是面對家屬的眼淚，她只要看見家屬哭，就會跟著哭，她最無法面對的是那些「捨不得」的眼淚。

　　小安也曾經陪學姊流過許多「捨不得」的眼淚。

　　「學姊是我在醫院認識的護理師同事，她比我大三歲，我們

都是從外地來台北打拚的。」小安說。她們一個從花蓮、一個從高雄來，到醫療資源最豐富的台北教學級醫院學習。

「也許因為都是外地人，而且很聊得來，所以我們很快地就有了姊妹般的感情，互相照顧、鼓勵，兩個人有交集的時間，幾乎都混在一起。我們甚至有彼此租屋處的鑰匙，所以哪天下班回家打開房間發現對方睡在自己的床上，也不會意外。」小安說。

小安會陪學姊，還有一個原因，因為學姊的心情一直不太好，那段學姊經營得很辛苦的遠距離戀情，一直因為她男友的無心維護，而顯得搖搖欲墜。當他終於可以接學姊的視訊電話的時候，小安經常就坐在視訊鏡頭範圍外的角落，心情隨著學姊的情緒一同起伏。她希望學姊的感情可以越來越好，學姊笑，她陪著她開心；當學姊在鏡頭前哭的時候，小安就在鏡頭外陪著掉眼淚。她就是捨不得人家哭，她最害怕那些「捨不得」的眼淚。

後來，當電腦的視訊鏡頭終於不再開啟，小安就開始陪學姊走過這段情傷。她陪學姊吃飯、走路、看劇，工作繁重的她們，最常一起做的事情是躺在床上一起做「夢」：

「嗯，他會帶我去看電影，然後跟我說他很喜歡那部電影，因為女主角長得很像我……」小安看著天花板說。

「不不不，我比較希望他來巡房，巡了好幾次，但其實是在等我下班，然後一起去陽明山泡湯、吃野菜跟看夜景……」學姊打斷她，說出自己希望的情節。

　　那是她們會一起分享的「夢」，她們在醫院有各自欣賞的醫生。學姊每次織夢的情節都比她浪漫，小安同意，因為她是真心覺得學姊比她優秀，學姊值得一份好的感情和幸福。

　　「他今天看起來心情不錯，穿的是妳最欣賞的條紋襯衫喔！」經常小安點開手機訊息，就會看見正在值班的學姊，偷偷拍了小安欣賞的那位醫師的照片寄給她。學姊不只會幫小安拍照片，還會鼓勵她要勇敢去追尋幸福，不管是不是這位醫生，她都應該要更勇敢地為自己去爭取，她絕對值得的幸福。

　　小安收藏的，除了那些訊息跟照片，她最珍惜的，是學姊曾經在她生日或者情緒低潮的時候，親手做給她的手工卡片。學姊的手巧，做的卡片又精緻又特別，最溫暖的是卡片裡的文字，每一字、每一句，放進心底都暖呼呼的。她會、她要！她一定會像學姊鼓勵的那樣，找到自己的幸福。

　　後來，是學姊的故事先發生了，而且就像學姊編織的夢一樣浪漫。那位學姊一直欣賞著的醫生，突然有一天關注了她的臉書，在彼此按了幾天讚後，開始跟學姊用訊息聊天，然後終

於約學姊出去。

那一晚，學姊很晚才回家，她在電話那頭對小安說話的聲音醉醉的，可以感覺出來她很開心。她說他們吃完飯，去河堤散步，最後又在河堤邊的一間小酒吧繼續聊天，他們聊得很愉快，最後還喝了一點酒，最後……嗯，學姊說了好多「最後」，那是一個被他們持續延長的夜，真正的「最後」是她經過他家，然後上去坐坐，「最後」發生了關係。

最快樂的，就是那晚後來的時光，那就是每一個後來曾經雀躍等待天明的人，都有過的感受。學姊躺在宿舍的床上，她覺得自己的幸福終於要開始了，等到天亮，那就是她幸福的第一天……她在床上翻來覆去，直到窗外的天空從黑轉成魚肚白到金光燦爛，她都沒有睡著。

學姊不只等了那個天明，她還等了他很多很多天。在那一夜之後，他不曾再跟她聯絡。

後來，學姊才明白，原來那一夜不只是一個開始，也是結束。她在每一個工作的專注跟專注之間問自己：那一夜，究竟是什麼？！她在每一次心酸的湧起又退去的潮間帶告訴自己：她再也不要「相信」愛情了！

「相信」，那也曾經是我之前所面臨的最大的考驗，我一直反覆思考要不要「相信」醫生的建議，相信已經八十歲的媽媽還有挑戰化、放療治療的必要？我最後終於選擇相信的原因是還會搭配最新興的免疫療法，據說那會讓媽媽的化療比較不辛苦，而且可以延續更久的生命。

　　媽媽的病情時好時壞，醫生會出現的時間經常也只是一天裡的幾分鐘，真正陪我們打仗的人，是那些勇敢的護理師們。我經常把更好的可能寄託在她們身上，問她們：「媽媽今天的狀況有比較好嗎？」、「今天打的藥是什麼？劑量有調整嗎？」、「醫生今天會來巡房嗎？」……她們給我的回答，永遠那麼讓人安定；她們是灰色的病房裡，從不放棄希望的小太陽。好幾次我就把我的焦急和疑慮，毫不客氣地過繼給她們，並不知道，她們其實也是人，也有世俗的記掛，也會脆弱、傷心，也會有一個一直放在心底的，再也等不到的人。

　　那是小安後來又陪學姊走過的第二段路。學姊的傷心，她懂，因為她對喜歡的那位醫生也是那樣的感覺 —— 期待，但從不奢望，一直以來也只想放在心底。沒想到，那個幸福竟然會真的來到眼前！她覺得學姊很勇敢，沒有猶豫就走進去，要是她一定會很害怕，那就是學姊比她優秀的地方，學姊的聰明、勇敢，都是她做不到的。

小安每次打電話回高雄老家，爸媽問她過得好不好？就算再苦再累，小安的答案都是「很好啊！」。全世界她只對學姊說，也只有學姊知道她的心事，可以在這條逐夢的路上遇見學姊，她覺得很幸運。

　　「Dear 安，謝謝妳一直在我身邊。像妳這麼可愛的女生，一定會遇見一個很棒的男人，一定會實現妳所有的夢想，一起加油！生日快樂！」那天小安才剛到醫院，就發現已經先下班的學姊，留在她的抽屜裡的卡片和禮物。她看了馬上笑出來，時間過得好快啊！這已經是她來台北過的第三個生日了，這也是她默默喜歡那個醫生的第三年，有沒有可能，她真的會擁有那樣的幸福，有一天，真的可以跟他一起過生日呢？

　　「XX 安！」小安突然聽見有人叫她的名字，一回頭，發現竟然真的是他。這是他例行的巡視病房時間，她本來就應該跟醫生報告病人的狀況，她不知道自己為什麼會這樣，覺得好像心底的聲音被偷聽到了一樣，突然臉紅起來……

　　我想我也見過類似那樣的臉，當小安在描述那個場景的時候，我想起了許多我在過去七個月所見過的護理師的臉，她們有的看起來很安靜，有的感覺很陽光，經常就像一陣夏日和風那樣吹進來病房，播下希望，又像一陣風那樣離去。前期媽媽意識和

精神都還很好的時候，她總會留住那陣風，跟她們閒話家常，她們也都很願意留下來陪媽媽聊一下天。然而，她們絕對不僅是溫柔的風而已，後期在媽媽幾度危急的時候，她們披上外出袍，像一群女戰士，邊押著病床，邊護著媽媽的氧氣筒和血氧儀器，千軍萬馬地往前衝……

有一次我就在後面跟著她們跑，看著她們的衣襬跑得都飛起來，可是眼神那麼堅定。我們一起衝去用最快的速度做了腦部的斷層掃描，確定昏迷中的媽媽並沒有腦出血，在終於又衝回加護病房戴回呼吸器的那一刻，我是真心地想要跪下來謝謝她們，可是我終究還是沒有，我只是用了九十度的鞠躬，跟她們說：「謝謝！真的謝謝妳們為媽媽做的一切！」

小安說那陣子學姊比較忙，學姊應該是忙著在念書，她知道學姊一直有想要再進修的計畫。那陣子她們比較少在一起做夢，她遇見學姊都是在她們兩個都有班的時候。倒是小安最近經常在病房遇見那位欣賞的醫生，他看起來比較沒那麼嚴肅，她覺得自己應該沒有看錯，那天當她經過他的時候，平常不苟言笑的醫生，竟然對她笑了一下！她一下子腿都軟了，她的第一個念頭就是想要發訊息給學姊，她要告訴學姊，她的春天好像就要來了耶！

「親愛的，我一直在想要怎麼告訴妳，我想過一百種婉轉的方法，但我最後還是選擇直接告訴妳。我很抱歉！我跟『他』，

我們開始交往了……」小安看著學姊回覆的簡訊，覺得自己的腦袋突然轟了一下，她很努力地把它全部看完了，一次、兩次，才到第三次她就忍不住哭出來了！她沒有看錯，她在休息室邊擦眼淚邊又看了好幾次，是的！千真萬確！這世界她最愛的兩個人，他們一起跳過她，彼此相愛了。

一下班她就馬上離開醫院，沒有跟在另外一區的病房工作的學姊說再見。她突然懂了，為什麼最近會經常看見那位醫生，就像學姊做過的夢一樣：「他」真的來等她下班，然後一起去吃飯。只是那個「他」，學姊搞錯了，那一直是小安的「他」，學姊怎麼可以搞錯？！她接著也懂了，他對她笑的理由，是對她釋放善意，希望她可以對學姊多說些他的好話；還是他突然忍不住想笑，因為學姊已經跟他說過了，在那些花前月下的時刻，就像說幾個笑話，告訴他那些小安曾經對他編織的夢？！

小安錯過該下車的公車站，一站又一站。她沒有想下車，因為她不知道自己還能夠去哪裡？她看著一格一格不斷變換著景物的玻璃窗，看見好多從前的畫面……真的，她真的好想祝福，她對學姊的感情那麼深，她有什麼不能祝福的？！

只是，也因為姊妹情深，她會想，她真的好難不想，學姊明明知道她那麼喜歡「他」，她怎麼忍心這樣對她？！更何況，學姊從來沒喜歡過他啊！是因為寂寞嗎？

所以，事情就是這樣了，她一直以為在夢想的路上，她們會是永遠的夥伴。她曾經陪學姊走過那麼多寂寞的路，結果她因為寂寞依賴她，最後也因為寂寞推開她；原來她們的感情，也不過如此而已。

　　至於「他」，他對小安更沒有虧欠，他們之間什麼都沒有發生。可是為什麼當她回想起他對她的那個笑容，那個他三年來唯一真正針對她的笑容，還是那麼心痛……？

　　小安的情緒很複雜，有憤怒、傷心，有自責也有捨不得。她茫茫然地走著，整個晚上就像遊魂一樣飄蕩在街頭。

　　我也是一個遊魂，在媽媽過世後的那些日子裡。

　　媽媽走得很突然，我的心還留在某個不知名的時空裡。我努力讓自己的身體作息如常，把每一件事情，如媽媽所交代地辦好。媽媽跟我很親，從小到大都是，全世界她也只交代我那些細節，她知道她可以相信我，那我便不要辜負她的相信。我把悲傷埋得很深，除此之外我想不出任何面對它的方式。這一路我遇見好多親友，他們都有一個跟媽媽動人的故事。因為媽媽很真，待人誠懇善良，他們總是會在訴說那個故事的時候，突然開始哽咽，然後我就會馬上說出一些鼓勵的話，就像一把利刃，劃斷了他們正要開始的情緒，然後緊接著會陷入的一陣靜默……那是我的冷

靜，還有殘忍，因為我害怕下一秒，就會再也壓制不住我的傷心。

其實，媽媽，我沒有一分鐘不想妳。

每天，我移動著，從這裡到那裡；我鼓勵自己走出來，去經歷新的事物，可是還是在每一件新事物上，都想到妳。

每天，我安靜地走路，平靜地聽著耳機裡的歌，試著用最美好的角度去回想我們走過的一切，那是這十年來我們開始會一起的旅行，我們去過日本、泰國、香港、澳門、美國和加拿大，每一件事情我都記得；媽媽，我可以忘記妳最後受苦的七個多月嗎？！為什麼我都已經找到那麼多好理由了，覺得妳應該可以走得沒有遺憾了，卻還是會在突然聽見燕姿的新歌〈Stay With You〉的時候，在擠滿人的捷運車廂裡，躲在墨鏡後面，默默地把口罩哭到濕透。

「接下來有什麼打算呢？」我問小安。
「有在考慮是不是就搬回去高雄了……」她回答我。
「跟學姊後來就都沒再來往了？」我問。
「嗯。」她苦笑著說。
「別忘記，『夢想』才是最重要的事情喔！妳當時來台北的理由，並不是為了認識學姊，也不是為了跟那位醫師在一起，對吧？他們也許曾經是夢想的加值品，是逐夢的過程中美好的相

遇，即便現在可能不是了，也只會更證明『夢想』的珍貴，那就是每個人逐夢的過程中，都會遇見的考驗啊！」我說。

在逐夢的路上，我們都會遇到一些人和事，妳會遇見一些欣賞、喜歡的人，他們有些很棒，也有些會在取得妳的信任之後，再重重地傷害妳的心。那個妳曾經很在意的朋友、曾經很愛的那個人，妳不是只有失去他們，妳後來失去的是對這個世界的「相信」。

如果妳也正在這樣的傷心裡，如果妳也願意跟我一起回過頭，看看現在依然堅定在妳生命中的「相信」：那個始終願意為妳等門的人、那顆永遠掛念著妳的心、那份無須言說就可以體會到的心意，我們並不是一朝一夕就確認了那些相信，我們是在時間的洪流裡，在生命的挑戰裡，才確定了我們的「相信」。

是的，那就是「相信」的珍貴啊！那些我們已經擁有的「相信」，就是我們最珍貴的財富。

所以，別讓那些不值得的人，毀去妳對世界的「相信」；相反地，是因為他們的出現，才讓我們更確定了「相信」的可貴。

「相信」不只是對別人，也可以對自己。這一生，妳總會失去一些「相信」，可是妳絕對不會失去的，就是「相信」自己。

妳對自己最重要的「相信」，就是相信自己一定可以完成「夢想」。

　　「妳一定會在逐夢的過程中失去一些相信，可是絕對不要失去對夢想的相信。持續為夢想努力，也持續在逐夢的過程中，去發現生命中更多美好的『相信』。」我說。不只是對小安說，更像是在對自己說。

　　媽媽過世後，我在臉書發了紀念文。就在昨天晚上，我收到了一位讀者的來信：「角子你好，伯母上一次住加護病房的時候，我是大夜班照顧她的護理師，那次她的精神很好，跟我聊了很多，給我看了孫子們的照片，也送了一本你的書給我，我感覺得到你是她的驕傲。這次，她又住進加護病房，我又在大夜班遇見她，雖然她已經陷入昏迷，我依然可以想起她溫暖的笑容。我寫這封信給你是想跟你說，媽媽沒有牽掛，能夠這樣離開，對她來說是解脫，也是她的心願，這是她在上一次進來加護病房的時候跟我說的。」

　　是的，我就是得到了這封信的鼓勵，於是才勇敢邁出下一步的。

　　它讓我相信，即便是一個陌生人，都願意傳遞給我如此的善意。它讓我相信，這一份善意的源頭，一定也是來自於一份更溫

暖的善意。

媽媽，我懂了，也收到了。

在我因為自責沒有保護好媽媽，而不再相信自己的時候；書寫是我的夢想，在我再也不知為何而寫，人生舉步維艱的這一刻，媽媽，妳想要給我的鼓勵，我都收到了。在我以為必須深埋悲傷，才能跨過的時候；在我以為必須用遺忘，才能面對的時刻。我從沒想到，妳卻引領我，從過去七個月來我感受過最多的「護理師」這個職業的人物開始，更用這個故事，告訴我「相信」的道理。

謝謝妳知道我可以，謝謝妳這一生對我的相信。

我最後一定會完成這本書，這是這本書我第一個寫的故事，可是我會將它放在最後，因為它不只是一個結束，更是我生命下一個階段最具意義的開始。

媽媽，妳的佛珠我會一直戴在手上，我會將妳永遠帶在心上。我會勇敢出發，在繼續追逐夢想的路上，帶著「相信」前進，也相信這世上一定也會有一些善良的人，願意跟我交換最珍貴的「相信」。

而我也將終生相信，在此去的路上，我將永遠不會只是「一

個人」，不管我是快樂或悲傷、挫折或榮耀的時候，這世上都一定有一個「媽媽」的視角，正在照護著我。

我相信小安最後一定會找回她的相信的。

在另一個更好的人身上。

我相信溫暖的媽媽一定也會這麼認為。

我相信。

照片提供｜安安

請用手機掃描條碼後
開啟聆聽

看完這本書，
一起走完了這段路
我想親口對你/妳
說的幾句話。

Spotify

Podcast(Apple)

國家圖書館出版品預行編目資料

一個人，你也要活得晴空萬里 / 角子 著 .--- 初版 .--
臺北市：平裝本. 2021.1 面；公分（平裝本叢書；
第 515 種）（角子作品集；6）
ISBN 978-986-99611-6-5（平裝）

1. 戀愛 2. 生活指導

544.37　　　　　　　　　　　　　109018545

平裝本叢書第 515 種
角子作品集 06

一個人，
你也要活得晴空萬里

作　　者—角子
發 行 人—平雲
出 版 發 行—平裝本出版有限公司
　　　　　　台北市敦化北路 120 巷 50 號
　　　　　　電話◎ 02-2716-8888
　　　　　　郵撥帳號◎ 18999606 號
　　　　　　皇冠出版社（香港）有限公司
　　　　　　香港銅鑼灣道 180 號百樂商業中心
　　　　　　19 字樓 1903 室
　　　　　　電話◎ 2529-1778　傳真◎ 2527-0904
總 編 輯—許婷婷
責 任 編 輯—蔡維鋼
美 術 設 計—今叨
著作完成日期— 2020 年 10 月
初版一刷日期— 2021 年 01 月
初版四十三刷日期— 2022 年 06 月
法律顧問—王惠光律師
有著作權 · 翻印必究
如有破損或裝訂錯誤，請寄回本社更換
讀者服務傳真專線◎ 02-27150507
電腦編號◎ 417056
ISBN ◎ 978-986-99611-6-5
Printed in Taiwan
本書定價◎新台幣 350 元 / 港幣 117 元

●皇冠讀樂網：www.crown.com.tw
●皇冠 Facebook：www.facebook.com/crownbook
●皇冠 Instagram：www.instagram.com/crownbook1954
●小王子的編輯夢：crownbook.pixnet.net/blng